MEDICAL INSTITUTION CONSULTING
textbook for professionals

士業向け
医療機関コンサルティング
の教科書

戸井 優貴

まえがき

　本書は、士業の方でこれまで医療マーケットに参入していない方のための入門書です。

　「医療機関の支援は難しい……」

　そう考えておられる士業の方が多いでしょう。その印象もあってでしょうか、医療機関を支援できる士業の方は少ないのが現状です。しかし、ノウハウさえしっかり学べば他の方と差別化のできる、「医療機関の助けとなる税理士、弁護士」などになることが可能です。

　また、医療機関の理事長や院長、事務長といった経営者は、士業の方と長くお付き合いをすることを望んでいる方が多く、一度契約に結び付けばそれから先の契約受注に奔走する必要もなくなります。ただし、それだけ、責任を負う覚悟は必要になります。その覚悟があって医療業界に貢献したいという想いのある方に向けて、本書を作成いたしました。士業の方の医療業界入門教科書だと考えていただければ幸いです。

　また、いわゆる経営の専門書等とは違い、経営分析の手法などを詳しく書いたものではなく、着眼点を絞って記載しています。

戸井優貴

もくじ

第1章

医療職について

　ここでは、医療現場で働いている医療職についての紹介をします。

　実際の現場では略称で呼ばれたりしますので、そちらも記載をします。

　なお、経営課題をヒアリングする際にも職種名で紹介されることが多いので、必ず覚えておいてください。

（1）医療職について

　医療職は医師、歯科医師とコメディカル（医師や歯科医師の指示の下に業務を行う医療従事者）に分けられます。コメディカルの中には、看護師、保健師、助産師、薬剤師、臨床検査技師、衛生検査技師、臨床工学技士、放射線技師、理学療法士、作業療法士、言語聴覚士、栄養士、救急救命士、鍼師、灸師、あん摩マッサージ指圧師、柔道整復師、医療事務、メディカルクラークなどがあげられます。

・薬剤師

　幅広い薬の知識を持つ専門家です。病院、薬局など医療機関で処方箋に基づく調剤や患者さんへの服薬指導を行うほか、医療用薬品から一般薬品まですべての薬に対して販売、相談にのることができます。薬局、病院・診療所、製薬会社、卸売販売会社、行政、学校などで働いています。

・看護師

　疾病予防や健康の維持推進を目的とした患者さん教育を行う医療従事者です。

　医療、保健、福祉などの場において、医師が患者さんを診療する際の補助、病気や障害を持つ人々の療養上のお世話をします。病院や診療所などの医療機関のほか、訪問看護や福祉関連施設など、さまざまな場所で活躍しています。

・保健師

　疾病予防や健康推進など公衆衛生活動を行う地域看護の専門家です。

　健康相談や家庭訪問など個人の支援から、地域や企業単位での健康指導、健康管理を担います。保健師の種類として、行政保健師、産業保健師、学校保健師、病院保健師などがあります。

・助産師

　妊娠、出産、産後ケア、女性の保健、新生児ケアなどを分野とする助産行為の専門職です。母子の健康を守るため管理、指導活動を行います。

・臨床検査技師

　医療機関において、検体検査業務、生理学的検査を専門とする医療技術者です。病院、クリニック、検診センターなどで、患者さんの身体の機能や細胞、組織等に異常がないかを調べ、その検査結果を医師に提供します。

・衛生検査技師

　医療機関において、種々の検査を行う医療技術者です。臨床検査技師とは違い、診療の補助としての採血の検体搾取、および厚生労働省が定める生理学的検査を行うことができません。

・臨床工学技士

　医療機器の専門家です。院内の機器が安全に使用できるよう保守点検などを行ったりします。病院内で、医師・看護師・その他の医療技術者とチームを組み、呼吸

治療業務（人工呼吸器が安全に使用されているか・異常がないか等の確認）、人工心肺業務（体外循環装置の操作・管理、使用前の点検などの確認）など、生命維持装置の操作などを担当しています。また、医療機器がいつでも安心して使用できるように保守・点検を行っており、安全性確保と有効性維持に貢献しています。

・放射線技師

放射線を人体に照射し、検査、治療業務を行う医療技術者。レントゲン検査やMRI検査など種々の検査及び機器の管理を行います。

・理学療法士（PT）

リハビリテーションをサポートする医療従事者です。病気やケガなどで身体機能に障害を持った人に対して、理学療法を用い基本的な運動（動作）能力の回復を図ります。

・作業療法士（OT）

リハビリテーションをサポートする医療従事者です。理学療法士の基本的な運動能力の回復に対して作業療法士は、「食事をする」「字を書く」などといった生活に不可欠な応用動作の回復を図ります。また、精神分野でのリハビリテーションを行う役割もあります。

・言語聴覚士（ST）

人とコミュニケーションをとるための言語や聴覚、摂食などの障害に対して、検査、訓練、支援などを行うリハビリテーション分野での専門職です。

・栄養士

栄養指導の従事者です。健康な食生活を送られるよう栄養面からアドバイスをします。

主に学校、福祉施設、企業などの給食メニューの作成、調理、栄養管理を行います。

・救急救命士

搬送中の救急車に同乗して急患の応急処置を行う救急医療のスペシャリストです。

救急救命士の仕事をするには救急救命士の国家試験のほか、消防官採用試験にも合格しなければなりません。

・鍼師（はりし）

リハビリテーション、代替医療に分類される国家資格です。金属製の針による刺激で、体から治癒機能を高め治療、回復を図るはり治療を行います。

・灸師（きゅうし）

リハビリテーション、代替医療に分類される国家資格です。もぐさを燃やし、ツボを刺激することにより、体から治癒機能を高め治療、回復を図る灸治療を行います。

・あん摩マッサージ指圧師

あんまマッサージ指圧師国家試験に合格した方のことを指します。あんま、マッサージ、指圧という3つの手法で患者さんの身体の不調を和らげます。

・柔道整復師

接骨院、整骨院などで知られる医療技術職です。捻挫や打撲、骨折などの治療のほか、健康のための運動指導なども行います。

・医療事務

医療機関で働く事務職です。患者さんの応対、医療費の計算、診療報酬の請求などを行います。

・メディカルクラーク

病院・クリニックで全般的な医療事務の業務を行う医療事務職のスペシャリスト

です。

　外来や入院業務などの医事事務、診療情報管理業務、医療保険請求業務を含む医療経理、看護師を中心とした病棟スタッフのスケジュール管理なども行います。

　細かく覚える必要はありませんが、これらの中には後述の加算を取るための要件になっている職種もあるため、大まかでいいので理解している必要があります。

　また、ほとんどの職種でその専門の学校に行かなければなりません。そのため、自身の職種について誇りを持っている方が多いので、各職種にヒアリングするときにもこの知識は必要です。相手の業務内容を知らないと話してくれないことも多くあります。

（2）医療機関の組織図～医療機関とは何だろう～

　そもそも医療機関と何か？という話から始めます。ここでいう医療機関は、おおまかに『病院』『クリニック』『歯科医院』に分けてお伝えします。

　「薬局は医療機関ではないのでしょうか？」と思われる方もいるかもしれませんが、薬局は法的には『医薬品小売業』と呼ばれる業種になります。医療機関と薬局の最大の違いは利益を追求できる（株式会社等で運営できる）ことです。そのため、ここでは医療機関という括りで説明しますので、薬局についての説明は後述いたします。

　医療機関は、医師・歯科医師がいないと開業ができません。これは大原則です。

　また、当然のことながら、医師・歯科医師が退職等の理由でいなくなった場合も運営はできません。こうしたことから、理事長が医師等でない医療施設は、医師の権限のほうが強い場合がほとんどで、そのため医師とのやりとりで悩まれることも多いと思われます（原則は医師等が理事長となる）。

　特に、初代が医師で、その後医師ではない後継者の方が引き継いで運営するとなると大きな悩みが医師の管理です。また、医師が理事長の場合の悩みとしては、医療現場にでることが多くなってしまい、経営者としての仕事ができないケースもあります。

大きな病院であれば事務長を雇って経営の仕事を担当させるケースが多いですが、中小の病院やクリニックレベルではこういった優秀な事務長を常勤で雇うことが困難です。そのため、経営という部分に目を向けられずPDCAサイクルを回すことが厳しくなり、経営課題の抜本的な解決に至っていないことが多々あります。

いずれにしましても、医療機関ではどういう形でも医師・歯科医師が実質トップということが多いので、その点は注意が必要です。

ちなみに、医師・歯科医師・薬剤師を医療三師と呼ぶこともあります（医師・歯科医師の方からは嫌がられると思いますが）。それぞれ業務独占のある医療系資格なのでこのように呼ばれます。

そのため医師・歯科医師はもちろん薬剤師も士業として医療機関や薬局に入るのであれば『先生』と呼称したほうが良いかと思います。ただ、先生と呼ばれることを嫌う薬剤師もいます。そのため、「人によって呼び方は変えるのだな」くらいの認識でいた方が良いでしょう。

（3）専門用語について

本書を読まれている方が「医療機関は難しい」と感じる要因と思われる専門用語についてお話しします。士業として入るのであれば疾患名等の暗記は不要で、不明な疾病等については素直に医療従事者の方にお聞きしても問題ありません。逆に、中途半端な知識で話すほうが相手に悪い印象を与えることが多いと思います。

では、どういった専門用語を覚えなければならないのでしょうか？

代表的なものを以下に列挙します。

①診療報酬

保険診療の際、医療行為に対して保険制度から支払われる料金のことです。患者さんが受けた医療行為と医薬品代を合計したものが医療費と呼ばれる金額になります。患者さんはそのうちの3割（年齢や所得に応じてはそれ以下）を負担します。残りの7割は患者さんが加入している国民健康保険や健康保険組合などの保険者

が負担しており、この全額にあたるものが「診療報酬」と呼ばれるものとなります。

※第2章にて詳しくお伝えさせていただきます。

②報酬改定

社会の変動や経済状況に応じるため、診療報酬のルールが2年ごとに改定されることをいいます。改定することにより、民間が運営している医療機関が圧倒的に多いなか、「診療報酬という金銭的な動機を付けて国の医療方針を現場に反映させる」という政策誘導的な役割、診療報酬を受け取るために設定された要件（人員配置基準や看護師等の比率、指針の作成等）により医療の質に差ができることを防ぐ役割を果たしています。

③薬価

国（厚生労働大臣）が決める医療用医薬品の公的価格のことです。「やっか」と読みます。診療報酬に基づく保険医療においては、医師はその中から薬を選定し処方しなくてはいけません。

④レセプト

医療機関で健康保険を使って受診した際、患者さんの自己負担分以外の報酬を、医療機関が保険者に請求するため作る明細書（診療報酬明細書）のことです。医療事務従事者の間では「レセ」と略して呼ばれることも多いです。医科・歯科・調剤に分けられている診療報酬点数表をもとに、診療報酬点数を算出し、健康保険組合や市町村などの保険者に対して、診療月ごと、患者さんごと、外来・入院等を分けて1ヵ月分をまとめて請求します。レセプトは医療事務の行う業務の1つです。

⑤レセコン

レセプトコンピュータの略称です。事業体によっては「医事コン」と呼ぶ場合もあります。診療報酬明細書を作成するシステムのことをいいます。

⑥請求

　診療報酬明細書に基づき診療報酬請求書という書類を作成し、審査支払機関に提出するこの過程を「請求」と呼びます。提出したレセプトと診療報酬請求書は、審査支払機関で厳しく審査されます。レセプト内容に誤りがあると、審査支払機関から差し戻されたり（返戻）、診療報酬点数を減点（減額査定）されることがあります。返戻をされた場合、レセプトをすみやかに精査・修正して、再提出する必要があります。

⑦社保

　社会保険の略称であり、病気やケガ、出産、失業、障害、老齢、死亡などに対して必要な保険給付を行う公的な保険制度のことです。

　医療機関側として対応することとしては、社会保険に加入している患者さんにかかった医療費について、保険者から委託を受け、レセプト内容の審査と、保険者から払い込まれた医療費の保険医療機関への支払いを行う流れとなります。

⑧国保

　国民健康保険の略称です。主に市町村が運営する強制の医療保険のことであり、社会保険に加入してる人、生活保護を受けている人以外は全員加入しなければならないものです。

　医療機関側で行う対応として、国民健康保険および後期高齢者医療制度に加入する患者さんにかかる医療費について保険者（市区町村）から委託を受け、レセプト内容の審査と、保険者から払い込まれた医療費の保険医療機関への支払を行う流れとなります。

⑨自己負担

　日本には国民皆保険制度があり、主に会社勤めの人とその家族を対象とした「被用者保険」、75歳未満の自営業者と家族を対象とした「国民健康保険」、75歳以上の人を対象とした「後期高齢者医療保険制度」があります。このいずれかに強制加入とされ、保険料を支払うこととなっています。

第1章

第2章

第3章

第4章

第5章

第6章

第7章

6歳から70歳未満の人は、所得に限らず3割負担です。つまり、医療機関側の対応としては医療費の30％を患者さんに請求します。義務教育就学前の6歳未満の人は20％、70歳〜75歳未満の場合は、該当する方に交付された「健康保険高齢受給者証」が健康保険証と一緒に医療機関の窓口に提出されたことを確認し、20％請求をします。ただし、年収約370万円以上の所得がある場合は「現役並み所得者」として、70歳未満同様3割負担のままです。75歳以上の場合、後期高齢者医療保険制度に移行し「後期高齢者医療被保険証」が交付されます。これを健康保険証と共に医療機関や薬局の窓口に提出すると1割負担となります。こちらも、年収約370万円以上の現役並み所得がある場合は医療費の30％を請求します。

⑩自由診療（自費診療）

保険適用にならず、全額患者さん負担となる診療です。自費診療ともいいます。通常の保険診療では3割負担ですが、自由診療に関しては治療費の10割分すべてが自己負担となります。厚生労働省が承認していない治療・薬を使用すると自由診療となります。自由診療の項目に関しては、医療機関が自由に金額を決定できます。

高額療養費制度も適応外となります。自由診療としてよくある例をご紹介します。
(1)国内で未認証の抗がん剤治療
(2)歯の詰め物（保険で認められているものより良い材質のものを使う場合に自費となる）
(3)美容整形

⑪電子カルテ（電カル）

カルテとは患者さんの病状・処置・経過などを記録しておくものであり、診療簿とも呼ばれます。電子カルテとは、カルテを電子化して保存できるものです。

⑫卸

メーカー（製薬会社など）から仕入れ、それを（医療機関などに）提供、販売する人のことです。

⑬ MR（Medical Representative：メディカル・リプレゼンタティブ）

医療情報担当者という意味で、医薬品の適正使用のために必要な情報活動をする専門家のことです。製薬会社の営業部門に所属し、医療関係者に医薬品の品質、安全性等に関する情報を提供します。昔からの医師等が「プロパー」と呼ぶこともありますが、今はこの言い方は基本的には禁止されています。

⑭薬歴

薬剤師が患者さん情報（調剤、服薬指導等の内容）を記録したものです。医療施設のほかに薬局で管理しており、患者さんに「お薬手帳」などで自身が服用する薬の情報、薬歴を提供します。

⑮加算

ある一定の要件を満たした場合、診療報酬点数にさらに加算分の点数を算定して請求することです。

⑯点数

診療報酬の保険点数のことです。医療行為にかかる費用を点数に換算し、1 点 10 円で計算します。例えば 200 点は 2,000 円です。

⑰施設基準

診療行為の中には、保険医療機関が一定の人員や設備を満たす必要があり、その旨を地方厚生局に届け出て初めて点数を算定できるものがあります。この満たすべき設備や人員を施設基準といいます。

点数表とは別に厚生労働大臣告示が定められ、また細かい取扱いが通知で示されています。施設基準の届出が必要なものには、点数表に「別に厚生労働大臣が定める施設基準に適合しているものとして保険医療機関が地方厚生局等に届け出た〜」という一文が入っています。

⑱診療圏

　クリニック等開業の際、どのくらいの範囲から患者さんが来院するかというものです。一次診療圏が約 0.5km 圏内、二次診療圏が約 1km 圏内といわれています。

⑲ベッド数

　入院病床数のことです。医療業界では、単純に病院の中にあるベッド数ではなく、「入院する方が使用できるベッドがいくつあるか」という意味で使用されます。

⑳新患

　初診の方（初めてその医療機関に来院される方）ということです。

　初診後、2 回目以降の診察のことを再診といいます。治療が終了するまでは、受診のたび再診料が算定されます。

㉑診療科

　外科、内科などといった、診療する専門分野の区分のことです。

㉒地域包括ケアシステム

　地域全体で、要介護状態になった方が住み慣れた地域でずっと生活できるよう助け合っていく体制のことです。

㉓人員配置基準

　医療機関の利用者数に応じて何人の医師、看護師等の専門職を配置するかを（国が）定めた基準のことです。

㉔かかりつけ

　何でも相談できる、身近で頼りになる地域医療のことです。かかりつけ医、かかりつけ薬局などと使われます。

㉕医療法

医療機関の開設、管理、整備の方法などの情報提供、罰則などについて定めた法律のことです。

㉖薬機法

正式名称は「医薬品、医療機器等の品質、有効性及び安全性の確保等に関する法律」です。

医薬品等を規制する法律です。昔は薬事法と呼ばれていましたが、呼称が変わっており、薬事法というと業界を知らない人だと思われるので注意してください。

㉗病院機能評価

公益財団法人 日本医療機能評価機構が国内の病院を対象に中立的、科学的、専門的な見地から評価を行うツールのことです。病院の質改善活動を支援することを目的とします。

㉘実地検査

指導の対象となる病院等の事業所において、保健所職員等の行政職員が実地にて行う検査のことです。

第1章

第2章

第3章

第4章

第5章

第6章

第7章

第②章
業許可関係
〜クリニック編〜

この章では、開業するための道のりについてお伝えします。

開業する前に必ずやらなければならない工程の1つ、それが『業許可申請』です。

開業時の業許可申請においては、必要な書類をすべてインターネットで網羅することは至難の業です。紙切れ1枚で済めば良いのですが、病院・クリニックを始めるとなれば、さまざまな書類の手続きが必要になってきます。ただ、業許可を怠ると出鼻をくじかれ、最悪の場合、売上を作れない可能性もあります。

また、開業の数ヵ月前に申請スケジュールを立てておかないと、書類の手続き期間が想定よりも遅い、締め切りを過ぎて提出してしまい、開業予定日に開業ができないということもあり得ます。本章では業許可申請の実務について、どこに何を提出するのか、どういった書類が必要なのかを大まかにお伝えしていきます。

※以下に記載あるものだけですべての業許可申請ができるとは限りません。詳しくは諸官庁へお聞きください。

まず、主な業許可書類とその提出先についてです。大きく以下の5つに分けられます。

---

①保健所、②厚生局、③福祉事務所等、④労働基準監督署、⑤日本防火・防災協会

これらはほぼ確実にお世話になるところかと思います。

どのような書類が必要になるかについては、一般的には以下の通りです。

①診療所開設届

②診療所使用許可申請書

③診療用 X 線装置備付届

④医療情報報告書

⑤麻薬管理者・施用者免許申請書

⑥結核予防法指定医療機関指定申請書

⑦保険医療機関指定申請書

⑧基本診療科の施設基準等に係る届出書

⑨生活保護法指定医療機関指定申請書

⑩労災保険指定医療機関指定申請書

⑪防火管理者講習の受講

⑪だけ毛色が違いますが、必要となる資格なので記載しました。

①～⑪のすべてが必須書類というわけではないですが、申請しておいて損はないかと思います。

それぞれの書類について、どこに届ければいいのかを下の表にまとめました。

表　届け出書類の提出先

		保健所	厚生局	福祉事務所等	労働基準監督署	日本防火・防災協会
申請書	診療所開設届	○				
	診療所使用許可申請書 ※有床の場合	○				
	診療用X線装置備付届	○				
	医療情報報告書	○				
	麻薬管理者・施用者免許申請書	○				
	結核予防法指定医療機関指定申請書	○				
	保険医療機関指定申請書		○			
	基本診療科の施設基準などにかかる届出書		○			
	生活保護法指定医療機関指定申請書			○		
	労災保険指定医療機関指定申請書				○	
資格	防火管理者講習の受講					○

「思ったより申請書類は少ないな」「面倒くさそう、大変そう」

各々感想はあると思いますが、それぞれの書類はご想像どおり複雑です。しっかりと開業を成功させるためには、「どの書類を届け出れば何ができるのか？」「要件は何か？」といった細部まで把握しないと厳しいです。

では、書類の手続き等について詳細をお伝えします。

①診療所開設届　（届け出提出先：保健所）

診療所を開設する際に必ず提出しなければならない書類です。

この申請をしなければ自費診療すらできません。

診療開設届に記載する内容としては、診療所の概要（診療所名、住所、診療所の広さ、医師・看護師・事務などのそれぞれの人数、申請する医師等の氏名等）です。

ここで注意点を1つあげます。診療所開設届の提出時期は開業日から10日以内と決められていますが、「開業日から10日後に出せばいい」という考えは間違っています。

保健所は、診療所が適正に作られているかを確認する仕事があります。例えば、診療所の名前については、公序良俗に反したり、他の診療所名と同一と感じられたりした場合には修正しなければなりません。

ある自治体のホームページには、

原則として、開設者(管理者)の姓を冠し、次の範囲内で名称を付けてください。
診療所、クリニック、医院、診療科名。原則として、地名の使用は認められません。

とあります。

もちろん、地名の使用がOKな自治体も多いのですが、NGの自治体があることも知っておいてください。また、診療所名称として認められないものとして、不当に患者さんの誘引を図り、虚偽誇大な宣伝となるような法令や医療広告ガイドライン等において広告が禁止されているものについては、診療所の名称に用いることはできません。

【具体例】

・アンチエイジングクリニック

・No1 クリニック

・無痛治療院　　等

開業前に「この診療所名にしよう！」と決めても、保健所で提出の際に差し戻しされることがあります。診療名が変更になるだけで、膨大な時間とお金のロスが発生します。

　これまで製作してきた看板、ホームページなどもすべて変更しなければなりません。4 月 1 日に開業すると仮定した場合、おそらく 4 月 1 日には住所、診療所名を書いた看板等々を完成されているでしょう。「4 月 10 日までに出せばいい、きっと受理されるだろう」と高を括っていると、開業前に痛い目を見ることになるかもしれません。

　ほとんどの診療所は、開設時に「構造設備の概要及び平面図等」を保健所に一度見せる事前相談を行っています。医師等がやりやすい構造設備にするのはもちろん大事ですが、診療所にはいろいろな決まりがあります。そのひとつとして、医療法施行規則にある診療所の主な構造設備として、以下のことがあげられています。

○外部構造

・他の施設と機能的かつ物理的に区画されていること。

・診療所として有機的関連性を有していること。

【診療所と居宅が併設されている場合】

診療所と居宅の出入口、階段等が別々に設けられ、独立に出入りが可能で、内部においても明確に区画されていること。

【ビル内の場合】

(1)ビルの階段、廊下、店舗、事務所等と診療所が明確に区画されていること。

(2)診療所が複数のフロアにまたがる場合は、同一の管理者による管理及び患者さん等の往来に支障をきたさないこと。

---

(3)フロア間の機能を十分考慮した上で、利用する患者さんの往来の頻度や病態等を勘案し、衛生面や保安面などで医療の安全性が十分に確保されていること。

○内部構造

内部構造については、原則として必要な各室が独立していること。

(1)待合室、受付、調剤所、診察室が区画され、それぞれ独立していること。ただし、受付と待合室の区画については、オープンカウンターの受付など、完全な区画でなくてもかまわない。

(2)各室の区画は、少なくともパーテーションを使用したものであって、天井から床まで区画されていること。(カーテン、アコーディオンカーテン等は不可)

(3)患者のプライバシーに配慮した区画及び構造とすること。

(4)エックス線装置のある場合は、エックス線室以外に操作部門が設置されていること。

　診療所の建物は、建築基準法だけを考えて設立することはできません。その他の守らなければならない法令をご紹介します。

　・医療法

　・バリアフリー法

　・地方公共団体条例（まちづくり条例）　等

　・定期報告制度　　等

開業をするだけなら、手続き上は開設届を申請すればできます。しかし、建物においては上記のさまざまな法令が絡んでおり、とても複雑です。

　そのため、開業する前や診療所を建築してしまう前に事前相談を行い、基準に則った構造にしていく必要があります。改めて強調しますが、保健所ホームページには「開業後10日以内に提出」とありますが、診療所の建築前に必ず事前相談を行いましょう。

　診療所開設届の提出なしには開業ができないので、建築を進めてしまっている場合でも、なるべく早く保健所に持っていくことをお勧めします。

　あとは添付書類として、建物の見取り図が含まれた敷地の平面図、診療所の配置

図の入った建物の平面図、敷地周辺の見取り図等、建物の情報等を提出しなくてはいけません。このあたりは、建築業者、設計者等にご依頼する必要があるかと思います。その他に提出を求められた書類があれば、保健所の指示に従ってご準備をお願いします。

②診療所使用許可申請書（提出先：保健所）

　端的に言えば、有床の診療所を開設するための申請書です。有床の診療所とは、19人以下の患者さんを入院させるための病床（ベッド）を持つ診療所のことです。無床の場合は届け出る必要がない書類です。この書類を申請する場合、開設届と同じく事前相談が必要です。ベッドの配置や建物の構造により有床の診療所と認定されない可能性もありますので、必ず事前相談をしましょう。

　一般的な提出時期は施設を使用する2週間前までといわれています。

　申請書以外に必要な物として、一般的には①各病室の概要、②廊下の設置状況、③階段の設置状況を別途書類に記載する必要があります。

　診療所使用許可申請書は、実は保健所の方に構造や配置などをチェックしてもらって認定される方法と、自身でチェックする方法（自主検査）があります。自主検査ができない箇所もあるので、それも保健所で事前に「自主検査をしていいか」の確認をお願いします。

※自主検査については「医療法第27条の規定に基づく病院等の使用前検査及び使用許可の取扱いについて」（平成12年6月8日付け健政発第707号厚生労働省健康政策局長通知）をご参照ください。

　ちなみに、自主検査を行うことにより手数料を減らすことができます。しかし、自主検査は時間もかかり面倒です。手間を取って費用を安く済ませるか、お金はかかるが自身は何もせず検査してもらうか。これは医師等によって選択が変わると思います。

　検査が終わって、保健所長から使用が許可されるまでは当該施設のベッドを使用することはできません。自治体に認められないまま入院させることは厳禁です。

③診療用 X 線装置備付届（提出先：保健所）

　クリニック開業時に X 線（レントゲン）を設置する場合に必要となる書類です。

有床の診療所、入所施設を有する助産所を開設するための申請書

> 有床の診療所とは：19人以下の患者を入院させるための病床（ベッド）を持つ診療所のこと。

※無床の場合は届け出る必要がない書類です。

図　有床診療所等の開設するための申請書

提出時期　施設を使用する2週間前までに

添付書類　各病室の概要
　　　　　廊下の設置状況及び階段の設置状況
　　　　　自主検査を実施した場合は、検査結果の届出書　等

※保健所長から許可されるまでは当該施設の使用不可。

図　有床診療所等の開設に関する必要書類

定格出力の管電力が10キロボルト以上の診療用X線装置を備えた場合に必要となります。X線検査を自院で導入する場合はこの申請書を提出しなくてはいけません。

この申請書は、レントゲン設置後10日以内に届け出なければなりません。開業時はバタバタしていると思いますが、この申請も期限がついているので要注意です。

添付書類については、

①診療用X線装置設置届

②X線診療室の平面図、側面図

③しゃへい計算書

④漏洩線測定結果表（X線装置のカタログ等）

他にも必要な書類がある場合は保健所の方から指摘があると思いますが、一般的にはこれだけで十分です。実は、この届け出はレントゲン業者さんが行ってくれることが多いのですが、業者任せにはしないでください。必ず確認し、医療機関保管用と保健所提出用を作成してもらいましょう。この書類を申請しない場合、使用はおろか設置も認められませんので忘れずに提出してください。

概要　診療所がエックス線装置等を初めて備え付けたときに提出する書類

提出時期　設置後 10 日以内

> ❗ 設置するタイミングを事前に打ち合わせ、
> 設置後 10 日以内に申請できるようにしましょう

図　エックス線装置設置についての手続き

添付書類　診療用エックス線装置設置届
　　　　　　エックス線診療室の平面図、側面図
　　　　　　しゃへい計算書
　　　　　　漏洩線量測定結果表（エックス線装置のカタログ等）

> ❗ レントゲン業者さんが作成してくれることが多いですが、作成して
> くれるかは確認しましょう

図　エックス線装置設置についての添付書類

④医療情報報告書（提出先：保健所）

　この報告書は、開業するにあたり「この医師等が新しく開業します」という報告を国に対して行うものです。医療機能情報提供制度（医療情報ネット）というものに基づいています。

　医療機能情報提供制度とは、住民・患者さんによる医療機関の適切な選択を支援することを目的として、平成 18 年の第五次医療法改正により導入されました。病院等に対し、医療機能に関する情報について都道府県知事への報告を義務づけるとともに、報告を受けた都道府県知事はその情報を住民・患者さんに対して提供する制度として運用されています。

　住民・患者さんが医療機関を適切に選択できるよう、医療機関の自発的な情報提供だけに委ねるのではなく、医療機能に関する情報の報告を医療機関へ義務づけ、それを公表することによって、バラツキのない情報提供の仕組みを国が構築したものです。

　ちなみに、この報告書は病院・クリニックだけでなく歯科診療所、助産所、薬局等を新規開設・休止・廃止・再開・変更した場合にも提出の必要があります。

　報告書はそんなに難しいものではありません。必要な情報は開業するクリニック

の所在地、名称、医師等のお名前、連絡担当者様の名前と電話番号くらいです。こちらも忘れずに提出をお願いします。

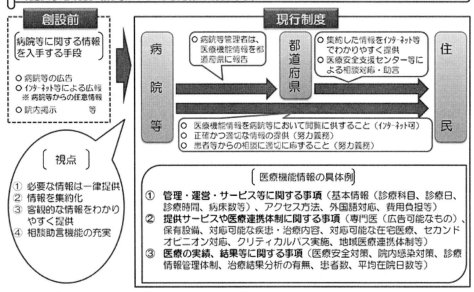

図　医療機能情報提供制度について
（厚生労働省『医療機能情報提供制度（医療情報ネット）について』抜粋）

⑤麻薬管理者・施用者免許申請書（提出先：保健所）

　麻薬の取扱いは、麻薬及び向精神薬取締法で厳格に定められているため、都道府県知事から免許を受ける必要があります。開業する前に病院などで勤務をされている医師等であれば、開業する際には麻薬施用者免許証記載事項変更届の提出をしてください。

　さて、ここで申請書名に「麻薬管理者・施用者」とありますが、こちらも明確に定められている規定があります。（2021年7月現在）

　麻薬管理者とは：麻薬診療施設で施用、交付される麻薬を業務上管理する者のこと。麻薬施用者が2名以上いる麻薬診療施設には、麻薬管理者を1名配置しなければならない。麻薬を所有せず、処方のみでも麻薬管理者の設置は必要です。麻薬施用者が1名のみの場合は、その施用者が管理者業務を行う。【免許取得できる方：薬剤師、医師、歯科医師、獣医師】

麻薬施用者とは：疾病治療の目的で業務上麻薬を施用、施用のための交付、麻薬処方せんを交付する者。麻薬管理者免許証だけでは麻薬の施用ができない。届出により麻薬施用者免許証に診療施設名の記載があれば、複数の診療施設で麻薬の施用が可能。【免許を受けられる者：医師、歯科医師、獣医師】

> **概要**　麻薬の取扱いは、麻薬及び向精神薬取締法で厳格に定められてるため、都道府県知事から免許を受ける必要があります。
>
> **麻薬管理者とは**：麻薬診療施設で施用、交付される麻薬を業務上管理する者のこと。麻薬施用者が 2 名以上いる麻薬診療施設には、麻薬管理者を 1 名配置しなければならない。麻薬を所有せず、処方のみでも麻薬管理者の設置は必要です。麻薬施用者が 1 名のみの場合は、その施用者が管理者業務を行う。【免許取得できる方：薬剤師、医師、歯科医師、獣医師】
>
> **麻薬施用者とは**：疾病治療の目的で業務上麻薬を施用、施用のための交付、麻薬処方せん
> を交付する者。麻薬管理者免許証だけでは麻薬の施用ができない。届出により麻薬施用者免許証に診療施設名の記載があれば、複数の診療施設で麻薬の施用が可能。【免許を受けられる者：医師、歯科医師、獣医師】

図　麻薬取扱いに関する規定

　一般的な提出時期は免許が必要になる日の 7 日程度前までですが、開設届と同じく早めに保健所に持っていき、足りない書類がないか確認したほうが無難です。

　添付書類として、新規で申請する場合は他の医師の診断書（要は、開業する医師等が麻薬を乱用する可能性があるか診断するものです）が必要になります。また、なぜ麻薬を必要とするのかといった理由書も必要になってくる場合があります。このあたりも保健所の方にお聞きして、必要な書類をそろえていくと良いでしょう。

　すでに勤務されている医師等は、新規ではなく『変更届』を提出する必要があります。変更届には元々の免許証に記載されている番号や免許取得年月日、変更する前後の情報等を記載する必要があります。例えば、「O医師はこれまでB病院に勤務し、B病院で麻薬施用者免許を取得していたが、開業にあたりCクリニックの管理者となる」場合は、B病院で取得した免許をそのままCクリニックで使用することはできませんので、くれぐれもご注意ください。

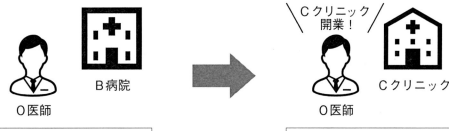

図　麻薬施用者が病院からクリニックに引き継ぐ場合

⑥結核予防法指定医療機関指定申請書（保健所）

　診療所が結核の公費負担医療を行う際に申請しなければならない書類です。

　結核指定医療機関というのは、『感染症の予防及び感染症の患者さんに対する医療に関する法律』において結核患者さんに対する適正な医療を担当する病院もしくは診療所または薬局で結核公費負担の医療を担当する医療機関のことです。結核指定医療機関でないと、原則として結核公費負担医療を行うことができません。

　結核指定医療機関となる医療機関は、公費負担患者さんの医療を担当するにあたっては、感染症の予防及び感染症の患者さんに対する医療に関する法律の定めるところにより医療を担当しなければなりません。医療を担当する上で適当でないと思われる場合には、その指定を取り消されてしまうことがあるので要注意です。

　新たに結核指定医療機関の指定を受ける場合、結核指定医療機関となった日を『指定日』といいます。※公費負担医療は指定日以降でなければ実施できませんので、指定日をきちんと確認してから患者さんの対応を行いましょう。

　一般的に、必要な書類は『結核指定医療機関指定申請書』『開設許可書の写し』となります。ですが、これらも保健所によって求められる書類が変わる可能性があるので、必ず必要な書類を確認しましょう。

⑦保険医療機関指定申請書（提出先：厚生局）

　多くの医師、歯科医師が、自費診療だけでなく、保険診療も視野に入れているかと思います。保険診療を行う際に必要となる申請が、『保険医療機関指定申請書』です。

これは健康保険法に基づいて定められており、当該地域の厚生局が管轄しています。

自費診療を主とする診療所・クリニックでも、保険診療がメニューにある場合は無関係ではありません。ここでは保険医療機関の指定についてお話しします。

診療所が保険診療を実施する場合、厚生局から保険医療機関の指定を受けなければなりません。この指定を受けなければ、診療報酬の請求ができなくなります。必ず申請するようにしましょう。

保健医療機関として指定されるまでは、まず①保険医療機関指定申請書を厚生局に提出します。その後、厚生局が地方社会保険医療協議会（部会）まで書類を持っていき、②書類審査・諮問をしてもらいます。③地方社会保険医療協議会から答申があったのち、④厚生局から申請した医療機関に向けて指定通知書の送付がされます。

図　申請書の流れ

保険医療機関指定申請書の提出後、※指定記号・番号・コードが記載された通知書が厚生局から送付・もしくは取りに来るよう指示されます。

※診療報酬の請求に使用される大切な番号となります。

通知書の送付と同時に、各厚生局のホームページにて指定を受けた新規医療機関の一覧が公開されています。ここまできて初めて保険診療を実施することができます。

初めて開業される医師等の場合は、実際に診療を開始する日に合わせて許可されるように、事前に申請しておかねばなりません。申請と同時に診療を開始することはできませんので、注意してください。

この書類を申請するときは、開設許可申請書の写しもしくは開業許可証を持っていく必要があります。厚生局にも保健所と同じく事前相談をしてください。

⑧基本診療科の施設基準等に係る届出書（提出先：厚生局）

診療行為を行う上でこの書類も必須です。保険医療機関は一定の人員や設備の要

件を満たす必要があり、その旨を厚生局に届け出て初めて点数を算定できるものがあります。

こちらも保険医療機関指定申請書と同様に、厚生局ごとに毎月締切日が設けられているので注意が必要です。

医師等が行おうとする診療すべてに関して点数を取れるように、保険医療機関指定申請書と併せて、厚生局に事前相談した上で提出しましょう。

やってはいけないことを1つあげます。

厚生局に突然飛び込み、「クリニック開業をしたいのだけど、何の書類が必要か？」と聞くのは NG です。先ほどお話しした保険医療機関指定申請書と基本診療科の施設基準等に係る届出書のお話はしていただけるとしても、丸投げの質問は嫌がられます。厚生局の方に敬遠されたら何一つ良いことはありません。厚生局の担当者とは、例えば『この書類の●●の記載の仕方を教えてほしい。』などと具体的に話を進めていきましょう。ただし、行政書士等でもなく、開業するクリニックのスタッフさんでもなければ、直接厚生局に手続きをするのは違法ですのでご注意ください。

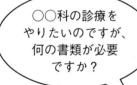

丸投げの質問をせず、診療科を伝えてから質問をしましょう

図　役所の担当者とのコミュニケーション

今回『点数』という言葉を記載させていただきました。

医療費の「点数」とは何か？

健康保険を使って診療を受け、患者さんが病院や薬局に支払う金額は実際にかかっている金額の一部、いわゆる自己負担分（1～3割）だけです。では残りの7～9割は誰が支払っているのか？　これは月々の保険料を収めている「保険者」と呼ばれる団体です。国民健康保険の場合は自治体、健康保険の場合は勤め先などの健康保険組合等ということになります。以下は厚生労働省が公開している保険診療

の概念図です。

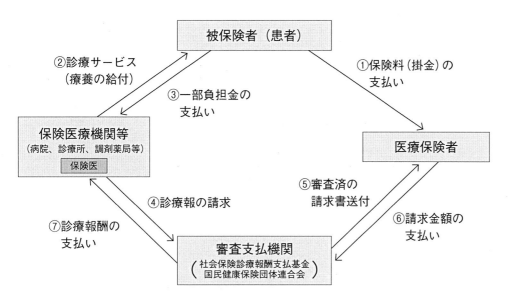

　診療報酬は、まず医科、歯科、調剤報酬に分類される。
　具体的な診療報酬は、原則として実施した医療行為ごとに、それぞれの項目に対応した点数が加えられ、1点の単価を10円として計算される（いわゆる「出来高払い制」）。例えば、盲腸で入院した場合、初診料、入院日数に応じた入院料、盲腸の手術代、検査料、薬剤料と加算され、保険医療機関は、その合計額から患者の一部負担分を差し引いた額を審査支払機関から受け取ることになる。

図　保険診療の概念図

　このように複雑な仕組みになっているのは、本来な不要な医療を提供して診療報酬を不正に請求しないようにするためです。診察や注射、検査などにかかった費用は、種類によって一律の「点数」が細かく決められています。医療機関は、その月に何点分の技術サービスや費用がかかったかを報告し、1点=10円としてのちに診療報酬を受け取る仕組みになっています。

⑨生活保護法指定医療機関指定申請書（提出先：福祉事務所等）

　生活保護受給者に対して診療を行う場合の給付を受け取るために申請する書類です。書類の提出時期は、保険医療機関指定通知書が厚生局から届き次第となります。理由は、保険医療機関指定通知書にある『医療機関コード』を生活保護法指定医療申請書に記載する必要があるためです。これも事前に問い合わせをしましょう。

⑩労災保険指定医療機関指定申請書（提出先：労働基準監督署）

　仕事上で怪我をした人を労災保険で治療するための指定です。

この労災保険指定医療機関になるためには、医療機関の所在地を管轄する都道府県労働局長に対して必要な書類を提出し、指定を受ける必要があります。

※労災保険指定医療機関とは、労災保険法の規定による療養の給付を行うものとして、労災保険法施行規則第 11 条第 1 項の規定により、都道府県労働局長が指定する病院または診療所のことをいいます。

　労働者災害補償保険（労災保険）では、労働者の方が仕事・業務や通勤が原因で負傷したり病気になったりした場合、原則として労災保険指定医療機関では無償で治療を受けることができます。ただし、適応範囲も定められています。無床クリニックを経営する場合はあまり関係ありませんが、無償の治療は労災保険の範囲内に限られ、病院の個室利用代や備品代（日用品等）は患者さん負担となります。

　医療機関の所在地を管轄する都道府県労働局に対して、次に掲げる必要な申請書を提出する必要があります。

・労災保険指定医療機関指定申請書・病院（診療所）施設等概要書

・開設許可証・労災指定病院等登録（変更）報告書・知事届出事項に係る届出書の写し・その他労災診療費の算定に際して必要な事項の記載された書類（地方厚生局へ届け出た施設基準に関する受理通知の写し）

　この申請も開業手続きの 1 つとして覚えておいていただけると良いと思います。

　指定期間としては、指定のあった日から 3 年間です。

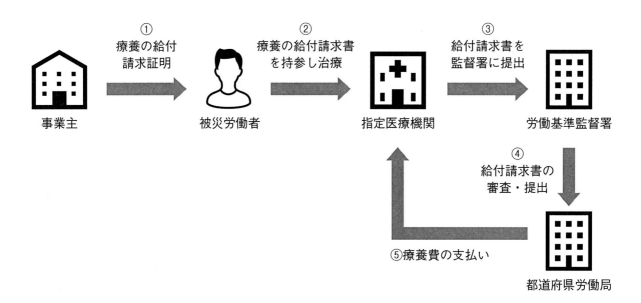

図　患者さんが労働災害に遭った際の流れ

指定更新をしない旨の申し出のない限り（指定期間満了日前 6 ヵ月より同日前 3 ヵ月までの間に）、指定は自動更新となります。

⑪防火管理者講習の受講（提出先：日本防火・防災協会）

クリニックの開業手続きの 1 つとして、忘れがちなのがこの講習です。これは書類提出の必要はありませんが、開業する上で必須です。診療所の場合は特定用途建物となります。

医療関係の施設に限らず、不特定多数の人々が集まる各種施設等では、「防火管理者」が必要です。その場所を管理・監督する立場の方から選任するよう、消防法で定められています。

防火管理者はクリニックに勤務される方であれば管理医師でなくても良いのですが、スタッフさんは退職される可能性もありますので、通常は医師等か医師等の奥様等のご親族が防火管理者になる場合がほとんどです。

講習時間は、9 時～ 17 時の講習を 2 日間受講することが一般的です。講習を受講すれば防火管理者の資格を取得する事が出来るので、必要なのは基本的には時間だけです。講習の最後に試験がありますが、難しいものではありません。開業日までに受講しましょう。

第**3**章

業許可関係
～医療法人編～

医療業界で開業といえば、個人だけではありません。法人でも開業をすることができます。本章では、「医療法人とはそもそも何か？」「業許可手続きとは？」についてお伝えします。

(1) 医療法人とは

厚生労働省のデータによると、医療法人は全国に 5.6 万件程度あります。医療法人はもともと個人経営から経営資源（預貯金、医業未収金、不動産、貸付金、買掛金、未払金、借入金）をそのまま移行するかたちで設立することがほとんどです。なお、薬局は株式会社や個人事業主でも事業を実施することが可能なので、業界特有の法人設立の必要はありません。

医療法人にはこれまでは、これを現物出資とする『持分（もちぶん）』という概念があり、医療法人の成長とともにその価値が出資者（理事長ほか）に帰属するものとされていました。

しかし、第 5 次医療法改正により、平成 19 年 4 月以降に設立された医療法人については従来のような持分のある法人は認可されなくなり、持分のない『拠出金制度』（医療法人が解散しても残余財産の帰属が国等）に移行しています。

次の図表は、厚生労働省のホームページに記載されている『現在の医療法人の類型』を一覧です。

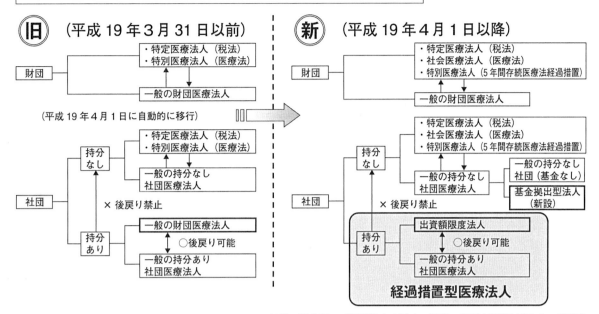

出所：青木惠一「医療法人の設立・運営・承継と税務対策」を一部改変

図　形成医療法施行に伴う医療法人の類型
（厚生労働省『第1章　医療法人の基礎知識』より引用）

　株式会社などでは、出資者＝株主（議決権を持ち、経営に参加可能になる）となりますが、医療法人の場合は、必ずしも出資した者が社員（株主）とはなりません。つまり、出資をしない社員、出資をしても社員でない方もいる、ということになります。実際は株式会社と同じく出資した方が社員になっているケースがほとんどです。

　先ほど『持分』とお伝えしましたが、持分についてお話しします。

①出資持分とは「持分あり医療法人の財産権」のこと

　法人のオーナーです。持分ありの医療法人には、財産権が認められています。つまり持分を持っている人は、その持分の『割合』に応じて、医療法人に対して『財産を自分のもとへ返しなさい』と言える権利をもっています。

②出資持分は財産権なので相続税の対象になり、払い戻し請求もできる！

　医療法人に出資している方は、法人から脱退すれば出資分（その権利を行使するときの時価の金額）が払い戻しになり、法人が解散した場合には残余財産というものが分配されます。そのため、税務上医療法人への出資持分は財産としての価値があるとみなされ、出資持分を相続した人には相続税が課税される仕組みになっています。

　払戻請求するタイミングは下記2つのみとなります。

★医療法人を解散したとき

※社員である理事長が在任中の場合、原則として払戻請求できません。

★社員を退社したとき（死亡退社を含む）

③出資持分は原則他人に譲渡可能

　定款を確認する必要がありますが、出資持分は法人や他人に譲渡が可能です。

（2）医療法人設立の流れ

　医療法人を立ち上げるためには、いろいろな手続きをする必要があります。医療法人の設立は着手から認可が下りるまで半年程度かかるものであり、長期戦です。申請先は医療機関を設立する場所の都道府県で、申請時期については都道府県によって違いますので、各都道府県のホームページから調べておきましょう。

　法人の名称としては「〇〇会」とすることが多く、所轄内の既存医療法人の名称と同一または紛らわしい名称や誇大な名称は避けなければなりませんので、ご注意ください。

　医療法人設立までの大まかな流れは、以下のとおりです。

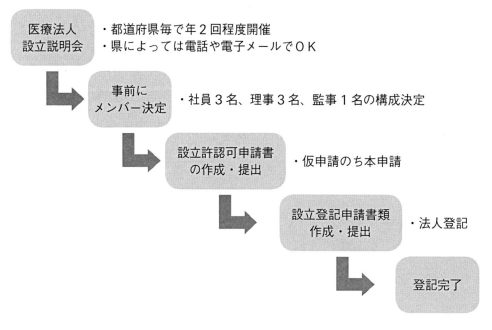

図　医療法人設立までの流れ

①医療法人設立説明会

　各都道府県では、年2回程度、医療法人の設立を検討されている方を対象に説明会を開催した上で、医療法人の設立認可のための申請を受け付けています。現在は、コロナ禍で資料配布のみとしている自治体もあるようです。

②事前にメンバー決定

　医療法人を設立するときには

a. 社員

b. 役員

c. 理事

d. 理事長

（e. 常務理事）

f. 監事

を決める必要があります。

a. 社員

　ここでいう社員とは、株式会社等の従業員とは意味が違います。医療法人における社員とは、「医療法人のオーナー」を指しています。原則として3人以上（各自治体により異なります）いないといけません。

　医療法人の社員は、社員総会（株式会社でいうと株主総会）にて、会社の取り決め事（理事の選任、定款変更等）を決議します。

　社員になるための手続きは定款に定める事項とされていますが、一般的な定款では「社員総会によって選任すること」とされています。

　医療法人運営管理指導要綱には下記の文言があります。

> "社員は社員総会において法人運営の重要事項についての議決権及び選挙権を行使する者であり、実際に法人の意志決定に参画できない者が名目的に社員に選任されていることは適切でないこと"

第1章
第2章
第3章
第4章
第5章
第6章
第7章

つまり、「人運営の重要事項についての議決権及び選挙権を行使することができる方」であり、「法人の意思決定に参画できる方」であれば、社員になることができます。

年齢については特に決まりがありませんが、社員になる場合は『実印』が必要になります。実印を登録することができるのは 15 歳からのため、15 歳から社員になることができます。

また、法人や団体でも社員になることができます。

※都道府県によっては「未成年 NG」「学生は医学部以外 NG」など制限を設けている場合もありますので、注意してください。

b. 理事

理事は 3 名以上、上限は定款により異なります。社員と異なり、法人や団体などは理事にはなれません。

医療法人の理事は、社員の総意によって選ばれ、理事会の中で日常的な運営管理の取り決めを行っていきます。理事の任期は 2 年間ですが、再任が可能です。なお、医療　法人で開設するすべての病院、診療所、介護老人保健施設の管理者は、医療法人の理事に加える必要があるとされています（医療法 46 条の 5 第 6 項）。また、理事も特に年齢制限がありませんが、実印登録が必要になるので 15 歳から就任することが可能です。

c. 理事長

医療法人を代表し、医療法人の業務に関する一切の裁判上または裁判外の行為をする権限を有します。理事長は理事の中から多数決で選任されますが、原則として、医師または歯科医師である理事から選出する必要があります。これは医師または歯科医師でない者の実質的な支配下にある医療法人において、医学的知識の欠陥に起因し問題が惹起されるような事態を未然に防止しようとするものです。例外としては、都道府県知事の認可を受けた場合には、医師または歯科医師でない理事からの選出が認められます。

d. 常務理事

必ずしも設けなければいけない役職ではありません。

常務理事と理事の違いとして、常務理事も理事も登記上の役員ですが、常務理事は理事より役職が上になります。理事は取締役ですが、専務取締役などの役員の中では一番立場が下であり、常務理事と比べると理事の発言権、決定権は弱いです。

f. 監事

監事は医療法人を監査する人のことです。社員と異なり、法人や団体などは監事にはなれません。監事も特に年齢制限がありませんが、実印登録が必要になるので 15 歳から就任することが可能です。

また、「客観的に監査を行えない方」は監事になれません。例えば、理事や理事長、理事の親族、顧問税理士、その医療機関で勤務している一般職員などは NG です。公平性を保つために必要なことです。

社員・社員総会

○　社員は、社団たる医療法人の最高意思決定機関である社員総会の構成員としての役割を担う。
○　社員総会は、事業報告書等の承認や定款変更、理事・監事の選任解任に係る権限に係る権限があり、**このことにより法人の業務執行が適正でない場合には、理事・監事の解任権限を適切に行使し、適切な法人運営体制を確保することも社員総会の責務である。**

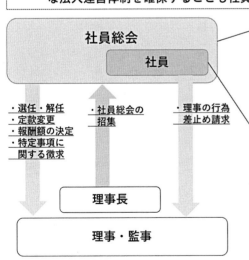

【社員総会の権限(主なもの)】
・理事、監事の選任・解任
・定款の変更
・事業報告書等の承認
・理事・監事に対する特定事項に関する説明徴求
・理事・監事の報酬額決定(定款で額を定めていないとき)
・理事等の法人に対する損害賠償責任の一部免除
・合併・分割の同意(全社員の同意により合併・分割が可能)
・解散の決議

【社員の権限(主なもの)】
・社員総会の招集請求(総社員の1/5以上の社員により請求が可能)
・理事の行為の差止め請求(理事が法人の目的の範囲外の行為その他法令等に違反する行為をし、当該行為によって法人に回復できない損害が生ずるおそれのあるとき)
・理事・監事等の責任追及の訴え(法人に訴えの提起を請求し、60日以内に法人が訴えの提起をしない場合、当該請求をした社員が提起可能)
・理事・監事の解任の訴え(不正行為又は定款違反にも関わらず、解任決議が社員総会で否決されたときは、総社員の1/10以上の社員により提起可能)

図　社員・社員総会の関係図と社員・社員総会の主な権限
　　(厚生労働省資料を参考に作成)

③設立許認可申請書の作成・提出

医療法人の設立申請時には、下記の書類作成が必要になります。

a. 医療法人設立の認可申請書

この申請書では、①名称、②事業所所在地、③設立者・社員・役員の氏名とそれぞれの拠出額、④従業員について（常勤・非常勤の方の人数と職種）、⑤電話番号、⑥診療科目、⑦診療日・診療時間、⑧医師・管理者氏名　等を記載する必要があります。

このあたりの基本情報は社員総会・理事会で決議されるものかと思います。

b. 医療法人の定款

上記 a. に記載する情報の収集が終わりましたら、それに基づいて定款など書類の作成に入ります。

定款には次の事項を定めなければなりません（医療法 44 条第 2）。

・目的

・名称

・開設しようとする診療所の名称及び開設場所

・事務所の所在地

・資産及び会計に関する規定

・役員に関する規定

・社員総会及び社員たる資格の得喪に関する規定

・解散に関する規定

・定款の変更に関する規定

・公告の方法

また、医療法人設立当初の役員については、定款をもって定めなければなりません。残余財産の帰属に関する規定を設ける場合は定款で定め、規定がない場合には国庫に帰属することになります。ただし、「帰属対象者は地方公共団体、医療法人その他の医療を提供する者であって、厚生労働省令で定めるものから選定する」と決まっているのでご注意ください。

c. 法人設立者（院長）の経歴書

法人を設立された方の経歴書が必要になります。都道府県ごとに様式が異なるのでご注意ください。

d. 役員就任承諾書

通常の株式会社等と異なり医療法人の役員変更は特殊です。

役員（理事・理事長・常務理事・監事）の就任承諾書が必要になります。よって、役員全員の押印が必須になります。認印でも可能な場合もありますが、基本的には実印です。

医療法人の役員任期は、医療法46条の5第9項に基づいて2年と決まっています。また、株式会社の監査役の任期は基本4年ですが、医療法人における監事の任期は理事と同じ2年です。任期満了となった場合、重任の届け出をしないと継続できませんので、ご注意ください。

e. 法人後の2～3ヵ年の事業計画書

こちらの書類も必須となります。

f. 財産目録

そもそも財産目録とは何かご存知でしょうか。文化庁のホームページに明確な記載があったので以下に転載します。

---

(1) 財産目録とは，一定の時点において，法人が保有するすべての資産（土地，建物，現金，預金等）とすべての負債（借入金等）について，その区分，種類ごとに一覧にし，法人の財産状況を明らかにしたものです。財産目録は，毎会計年度終了後3月以内に作成する必要があります。

(2) 財産目録中の基本財産とは，宗教活動を行っていく上に必要な財政的基礎となるもので，境内地や境内建物のほか，基本財産として設定されている一定の基金がある場合などが該当します。また，普通財産とは，法人の通常の活動に要する費用に充当すべき財産です。

---

(3)財産の設定については，各法人の規則に記載されており，変更等（基本財産を普通財産にする場合など）を行う場合には，一般的に責任役員会の議決が必要となっていますので，よく規則を見て作成してください。

次に示す財産目録の様式例は，あくまでも参考例です。

区 分・種 別		数 量	金	額	備 考
〈資産の部〉					
特別財産	1.宝物			○○○，○○○	
	(1)○○○像	○体			
	2.什物			○○○，○○○	
	(1)○○○○	○点	○○○，○○○		
	特 別 財 産 計			○○○，○○○	
基本財産	1.土地			○○○，○○○	
	(1)境内地　　　○筆	○，○○○㎡	○○，○○○		
	2.建物			○○○，○○○	
	(2)境内建物		○○，○○○		
	※①□□□　　外○棟	○○○㎡	○○，○○○		所在地 用途(例:礼拝用)
	※②□□□　　外○棟	○○○㎡	○○，○○○		所在地 用途(例:修行用)
	(2)その他の建物				
	○○○　　　外○棟	○○○㎡	○○，○○○		
	3.有価証券			○○○，○○○	
	(1)国債	○○○口	○○，○○○		
	(2)○○電力債	○○○株	○○，○○○		
	4.預金			○○○，○○○	
	(1)定期預金	○○口	○○，○○○		
	基 本 財 産 計			○○○，○○○	
普通財産	1.土地			○○○，○○○	
	(1)○○町宅地　○筆	○○㎡	○○，○○○		
	2.建物			○○○，○○○	
	(1)境内建物	○○㎡	○○，○○○		
	※①□□□　外○棟	○○○㎡	○○，○○○		所在地、用途
	※②□□□　外○棟	○○○㎡	○○，○○○		所在地、用途
	(2)その他の建物				
	○○○　　　外○棟	○○㎡	○○，○○○		
	3.什器備品			○○○，○○○	
	(1)○○外	○○点	○○，○○○		
	4.車両			○○○，○○○	
	(1)乗用自動車	○台	○○，○○○		
	5.図書			○○○，○○○	
	(1)○○外	○○冊	○○，○○○		
	6.有価証券			○○○，○○○	
	(1)○○株式	○○○株	○○，○○○		
	7.積立預金			○○○，○○○	
	(1)○○積立預金	○口	○○，○○○		
	8.預金			○○○，○○○	
	(1)普通預金	○口	○○，○○○		
	9.現金			○○○，○○○	
	10.貸付金			○○○，○○○	
	普 通 財 産 計			○○○，○○○	
資産合計(A)				○○○，○○○	
〈負債の部〉					
負債	1.借入金			○○○，○○○	
	(1)○○借入金	○○○，○○○			
	(○○銀行)				
	2.預り金			○○○，○○○	
	(1)源泉所得税	○○○，○○○			
	(2)住民税	○○○，○○○			
	負 債 合 計(B)			○○○，○○○	
正味財産(C)=(A)-(B)				○○○，○○○	

※は同一敷地内ごとに一まとめにして，□□□にその主な境内建物の名称を，それ以外の境内建物は棟数で記載し，面積は合計の延面積を記載する。また，備考欄にその所在地及び□□□の境内建物の用途を記載する。

このように、財産目録を記載して提出する必要があります。

図　財産目録

f. 予算書

医療法人の設立の際、事業計画書、予算書が必ず必要なのかは都道府県によって異なります。

個人診療所を開設してあまり期間が立っていないが法人化する場合についてもお伝えします。医療法人設立の際、個人開設の実績がある場合（確定申告後）の予算書は、青色申告決算書や医師及び歯科医師用の青色申告決算書付表の実績の平均値を基に作成されるのが一般的です。

個人診療所を開設してすぐに法人化する場合、実績のない場合（確定申告前）の予算書については、診療圏調査や予約票等で作成し、支出については費用ごとの根拠資料を作成してこれらを添付することになります。この場合、医療経営が安定し医療法人が長く運営できることを示すため、予算書が黒字である必要があります。

g. 医療法人設立を決定した際の設立総会議事録

設立総会では、次の事項を決定し、議事録を作成します。

（1）医療法人の設立の承認

（2）社員の確認

（3）定款の承認

（4）設立時の財産目録の承認

（5）会計年度、初年度分の事業計画及び収支予算の承認

（6）役員の選任

（7）設立代表者の選任

（8）診療所の土地、建物等を賃借する場合の契約の承認

（9）その他の必要事項

※設立総会時までには①設立者全員の「印鑑登録証明書」②拠出者全員の銀行等「残高証明書」
　③診療所用不動産（土地・建物）の「全部事項証明書」等）をそろえておきましょう。
※議事録には設立者全員の実印と、実印による捨て印、割印が必要になります。
※設立総会の議事および決議事項は、議事録として作成し、保存しなければなりません。

設立総会議事録は、設立認可申請の添付書類となり、各都道府県の申請の手引の中でも作成例が示されています。

以下に、医療法人の設立総会議事録の例を記載します。

医療法人設立の議事録の例

医療法人○○会　設立総会議事録

1　日時　　　年　月　日　時　分〜　時　分

2　場所　○○

3　出席設立者氏名　　○○、○○、○○、○○

4　議事選任
　　医療法人 ○○会を設立するため、上記のとおり設立者全員が出席した。議長を選任すべく、全員で互選したところ ○○ が選ばれ、本人はこれを承諾し、議長席につき、○○時○○分 医療法人 ○○ の設立総会の開会を宣し、議事にはいった。

5　　議事
　　第1号議案 医療法人設立承認の件
　　　設立者 ○○ は発言し、本法人設立の趣旨を述べ、議長は医療法人設立の承認を全員に諮ったところ、全員異議なくこれを承認し、本案は可決された。

　　第2号議案 社員確認の件
　　　議長は発言し、本法人が、○○市保健所長の認可を受けて設立されたときは、本設立総会に出席した設立者全員が本法人の社員となることを述べたところ、全員異議なくこれを承認し、本案は可決された。

　　第3号議案 定款承認の件
　　　議長は本法人の定款案を朗読し、全員に諮ったところ、全員異議なくこれを承認し、本案は可決された。

　　第4号議案 設立代表者の選任の件
　　　議長は発言し、設立代表者を選任し、設立に関する一切の権限を委任したい旨を述べたところ、一同これを承認し、設立代表者を互選したところ、次の者が選任され、即時に被選任者はこの就任を承諾した。
　　　　　　　　　設立代表者　○○　○○

　　第5号議案　拠出申込み及び設立時の財産目録承認の件
　　　議長は発言し、本法人設立の資産とするため、拠出を受けたい旨を述べたところ、設立者のうちから次のとおり拠出したい旨の申込みがあった。
（氏　名）　　　　（内　容）　　　　　（拠出金額）
○○○○　　　　○○○○○○　　　　○○○○○○　　　　合計　　　　　　円
　　また、　　○○　　は発言し、当該拠出金に関し、次のように述べた。
拠出金は医療法人○○会設立認可後○年間が経過した後に、拠出者に返還するものであり、金銭以外の資産にかかる拠出金の返還については、拠出時における当該資産の価額をもって返還すること。医療法人が解散した場合には、他の債務の弁済後でなければ拠出金を返還することができないこと。拠出金は利子を付して返還しないこと。
　　　議長は発言し、この結果本法人設立時の純資産額は、金○○円とし、その財産目録は別紙のようになると示したところ、一同これを承認し、本案は可決された。

第6号議案　初年度及び次年度の事業計画（案）並びに収支予算（案）の承認の件
　議長は発言し、初年度及び次年度の事業計画案並びにこれに伴う予算案を一同に示すとともに詳細に説明をなし、承認を求めたところ、全員異議なく承認し、本案は可決された。

第7号議案　役員及び管理者の選任の件
　議長は発言し、第3号議案で可決された定款に規定されるところに従い、本法人の役員及び管理者を選任したい旨を述べ、設立者間で協議したところ次のように選任された。
　　　理　　　事　　　　○○
　　　　同　　　　　　　○○
　　　　同　　　　　　　○○
　　　監　　　事　　　　○○　　　　　選任された者は、各自この就任を承諾した。
　ついで議長は、理事長を選任したい旨を述べ、理事に決定した者の内から、次のように選任された。
　　　理　事　長　　　　○○
　選任された者は、各自この就任を承諾した。
　選任された者は、これを承諾した。

第8号議案　本法人の開設する診療所の土地、建物を賃借する契約の承認の件
　議長は発言し、本法人の開設する診療所の土地、建物を本法人が所有者から賃借する予定なので、本法人を設立するに際し、現在の契約を継続し賃借人の名義を変更する必要があることを述べ、覚書を示し、これの承認を求めたところ、全員異議なく承認し、本案は可決された。

第9号議案　役員報酬限度額承認の件
　議長は発言し、役員の年額報酬限度額は
　　　理事長　　　　　　　　　　　円
　　　理　事　　　　　　　　　　　円
　　　理　事　　　　　　　　　　　円
　　　監　事　　　　　　　　　　　円
以内とし、当該金額を超えて支給する場合は、社員総会による承認を必要とする旨を述べたところ全員異議なく承認し本案は可決された。
　以上をもって、医療法人○○会の設立に関するすべての議事を終了したので議長は閉会を宣した。
　本日の決議を確認するため、設立者全員が記名押印する。

　　　設　立　者　　　　○○　　　印
　　　　同　　　　　　　○○　　　印
　　　　同　　　　　　　○○　　　印
　　　　同　　　　　　　○○　　　印

h. 社員および役員名簿など

医療法人の設立をするにあたり、社員・役員の名簿の作成は必須になります。

各都道府県で医療法人の設立時に提出する社員・役員名簿の様式が出ていますので、そちらからダウンロードして作成をお願いします。

43

以下は様式例です。

社員及び役員名簿							
法人名							
所在地							
電話			FAX				

役職	氏名	生年月日	住所	性別	職業	基金拠出金	備考

【設立登記申請書類作成・提出】

設立認可申請書の作成、添付書類の作成が終わったら、次はいよいよ申請です。

設立許可がおりるまでの一般的なフローは以下のとおりです。

申請書の提出（仮申請）
・都道府県で定められている書類の提出

事前協議（申請書審査）
・保健所等への関係機関への照会、面接等

本申請
・関係者からの捺印をもらい書類提出
・本申請承認後医療審議会へ諮問

答申
・医療審議会より答申

許可
・許可書交付

図　設立登記申請書類提出の流れ

【申請書の提出（仮申請）】

医療法人設立の認可申請おいては、最初に仮申請を行い、次に本申請へと続く流れとなります。仮申請で提出した医療法人設立申請の書類は、仮申請後の都道府県担当部署との協議後、必要な修正を加えて完成となります。

※仮申請をしないと、本申請には進めません。

また、仮申請は実質的な医療法人設立の申し込み期間となります。都道府県ごとに受付期間が決まっているので、どのタイミングで申請するかを決めていきましょう。自分のタイミングでは仮申請ができないので注意してください。

※仮申請の受付期間に申請を行わないと、次回の期間まで法人設立申請ができなくなってしまうので気を付けてください。

仮申請時では、ホームページなどにあった書類一式に加えて公的証明書類（謄本や印鑑証明など）の写しも提出しますが、仮申請時はとりあえず捺印不要です。

本申請の際には申請書類に捺印が必要になってくるので、仮申請の時期から、捺印が必要な関係者（社員・役員・監事等）に対して予め説明をしておくと申請の進行がスムーズになります。

【事前協議】

仮申請で提出した申請書は、都道府県との『事前協議』によって内容が完成します。よく指示・指摘される事項を以下に記載しました。

・提出書類の不備や内容のチェックの指摘

・申請書類の修正

・必要な資料の追加指示

・医療法人設立申請の詳細を把握するため、保健所などの関係機関への照会や
　申請者（院長等）に対する面接

医療法人設立を申請する場合は担当部署からの指示に基づき、修正を重ね、本申請への準備をします。

【本申請】

　仮申請で提出した設立認可申請書は、何度も修正や資料等の提出を重ね、事前に協議することで完成します。この完成した書類に、関係各所に捺印をしてもらい提出をするフェーズを本申請と呼んでいます。

※捺印が必要な関係者は多いため、事前連絡はしておきましょう。

　捺印が必要な方の例を以下にご紹介します。

・社員・理事・監事

・借入している銀行先

・リース契約先（医療機器等）

・テナントを借りている場合はテナントのオーナー

　医療法人の設立時には、各種契約を院長個人の名義から医療法人の名義へ切り替えることを承認する書類に捺印してもらう必要があります。

　ここで、さらに注意してほしい点として『申請スケジュール』があります。

　申請スケジュールはどこの都道府県でもとてもシビアです。1分でも遅れればもう受付してもらえないこともあります。本申請の受付期間は定められており、そのスケジュール通りに進まないと、次回の申請受付期間まで約半年間待つことになります。

　せっかく事前協議までしっかりと行ったとしても、捺印で滞り、本申請の受付期間に間に合わないと関係機関からの信用も失います。また、半年後に再び事前協議するときは担当者が変わって初めから説明・提出となり、申請書類の修正をされてしまうと、また申請書の印刷し直し、捺印をもらいに行く等々、無駄な作業が発生します。提出期限に間に合わせるためにも、必要資料の準備、捺印の必要な関係者に対する連絡・相談は早めにしておきましょう。

　本申請が通れば、次は医療審議会への諮問です。

【答申】

医療法人設立を認可する旨の答申が行われます。

【許可】

医療法人認可書及び認可証明書の受領用紙と引き換えに、許可書と許可証明書が

送付されます。その後は医療法人の登記に続きます。

④設立登記申請書類作成・提出

医療法人の許可書が届きましたら、次は『医療法人の登記』です。

※※医療法人設立の認可を受けた段階では医療法人はまだ設立されていません。設立認可後に登記をすることでやっと設立が実現に至ります。

法人には株式会社や一般社団法人などさまざまな種類があり、設立方法も異なるのが特徴です。法人の中でも、特に設立が厳しいものが「医療法人」です。

株式会社は会社法で設立のルールが決まっていますが、医療法人は医療法によってルールが決められています。医療法人の設立が厳しいのは、その地域の医療を担う重要な役割があり、医療の質を高めることや運営の透明性をしっかりと担保する必要があるためです。

この書類の提出先は、これまでの都道府県ではなく地方法務局（登記所）になります。

ここでは一般的な登記の流れをご紹介します。

登記の流れ

①設立登記の申請（地方法務局）

設立の認可を受けた日（認可書が届いた日）から2週間以内に申請をします。

なお、登記する事項は以下のとおりです。

(1)名称

(2)目的・業務

(3)事務所の所在場所

(4)理事長の住所及び氏名

(5)存続期間、または解散の事由を定めた場合は、その期間又は事由

(6)資産の総額

＜必要書類＞

---

(1)医療法人設立登記申請書

(2)設立認可書（又は所轄庁の認証のある謄本）

(3)定款

(4)理事長の選出を証する書面

(5)理事長の就任承諾書

※会議の席上で理事長が就任を承諾し、その旨記載が選出所にある場合には、申請書に、別途、就任承諾書を添付する必要はありません。

(6)資産の総額を証明する書類（財産目録）

(7)委任状（代理申請の場合）

②登記の完了

　地方法務局によりますが、だいたい1〜2週間で登記が完了します。

法人成立

図　登記の流れ

（3）医療法人クリニック設立の流れ

　最初から医療法人でクリニックを開業する場合、結論から申し上げますと、第2章でお伝えした個人クリニックの開業のスケジュールに「医療法人の設立」が入ります。順を追って説明させていただきます。

　個人のクリニック開業スケジュールと大きく異なるのは、①保健所や厚生局などに書類を提出する前に医療法人の設立認可申請、法務局への登記を行うこと、②保健所の立ち入りがあること、です。それ以外は個人のクリニック開業とあまり違いはありません。

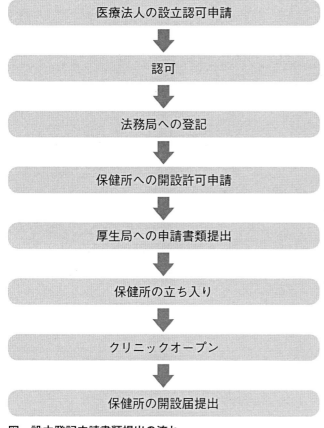

医療法人の設立認可申請

↓

認可

↓

法務局への登記

↓

保健所への開設許可申請

↓

厚生局への申請書類提出

↓

保健所の立ち入り

↓

クリニックオープン

↓

保健所の開設届提出

図　設立登記申請書類提出の流れ

　「これからクリニック開業するぞ！」という時に、医療法人で開業することのメリットを考えてみましょう。医療法人化のメリットは個人と法人との税率差、親族への所得分散等になります。しかし、それだけを目的に最初から医療法人にチャレンジすることはあまりお勧めしません。最初は個人クリニックの開業をし、収益が安定したところで医療法人を設立するのが一般的な流れです。最初から医療法人の設立手続きを行うと時間が多くかかります。もちろんその間は収入もなく、その空白期間は支出だけが発生します。

（4）一般社団法人でクリニック開設も

　クリニックを開設する場合、法人格を有するのであれば医療法人が通常なのですが、例外的に『一般社団法人』でクリニックを開設する場合もあります。

　クリニックを開設することができるのは、原則として個人の医師・歯科医師、そ

して医療法人となります。ですが、医療法第7条要約には「医師及び歯科医師でない者が診療所を開設しようとするときは、許可を受けなければならない」と書かれています。

　一般社団法人のクリニック設立はまだ浸透しておらず、実際にあまりないと思いますが、一般社団法人でもクリニックが開設できることは知っておいて損はないかもしれません。

番外編～加算の調べ方～

　ここでは、加算についてお話しします。

　医師が行う医療行為に対し点数が決まっています。『診療報酬点数』といい、1点 = 10 円。その金額が医療機関の収益になります。その診療報酬点数の中に『加算』があり、ある医療行為に上乗せされる点数のことをいいます。

　診療報酬の調べ方をご紹介します。ただし、最新のデータを必ず確認してから使用してください。

【診療報酬の調べ方】

◆ 厚生労働省ホームページ > 政策について

◆ 政策について > 分野別の政策一覧

◆ 分野別の政策一覧 ＞ 健康・医療 ＞ 医療保険

◆ 医療保険 ＞ 診療報酬関連情報

◆ 診療報酬関連情報 ＞ 令和 2 年度診療報酬改定

◆ 令和 2 年度診療報酬改定のページ内にある
（1）2　診療報酬の算定方法の一部を改正する件（告示）
にて診療報酬の確認ができます。

		診療報酬の算定方法の一部を改正する件(告示)	令和2年 厚生労働省告示第57号	本文	PDF	[41KB]
(2)	1			別表第1（医科点数表）		
				目次	PDF	[60KB]
				<第1章>		
				初・再診料	PDF	[164KB]
				入院料等	PDF	[641KB]
				<第2章>		
				医学管理等	PDF	[471KB]
				在宅医療	PDF	[363KB]
				検査	PDF	[518KB]
				画像診断	PDF	[167KB]
				投薬	PDF	[128KB]
				注射	PDF	[138KB]
				リハビリテーション	PDF	[171KB]
				精神科専門療法	PDF	[222KB]
				処置	PDF	[284KB]
				手術	PDF	[746KB]
				麻酔	PDF	[157KB]
				放射線治療	PDF	[123KB]
				病理診断	PDF	[104KB]
				<第3章>		
				介護老人保健施設入所者に係る診療料	PDF	[89KB]
				<第4章>		
				経過措置	PDF	[67KB]
				別表第2（歯科点数表）	PDF	[810KB]
				別表第3（調剤点数表）	PDF	[206KB]

医療機関等の悩みランキング

第 **4** 章

ここでは実際の医療機関等が何で悩んでいるのか、どういった業界の特性があるのかを説明していきます。医療機関等独特のものから他業種でも同じようにある悩みなど様々ですが、医療機関等の特徴を出しながら記載しています。

（1）第1位 〈人材について〉

医療機関や薬局が悩む大まかなことは……

①何人採用するか？（職種ごとに）

②給与をいくらにするのか？

③どのように採用するか？

④どういった基準で採用するか？

⑤いつから来てもらうか？（研修期間）

これくらいの課題があげられます。もっとも、これはどこの業界でも共通するものです。士業で他の会社の支援をしたことがある方は、飲食店のイメージに近いと思います。医療機関や薬局は医師等の数が決まっているため、その方たちの余力以上に患者さんは受け入れられません（薬剤師に関しては処方箋枚数が法律で規定されています）。ただ飲食店よりも決めやすいのは、「単価がおおよそ決まっていること」です。診療報酬で単価が決まっているからです。これは、同じことをやれば基本的に同じ報酬が得られることを意味します。また、診療単価の各診療科の平均値

が厚生労働省から発表されているため、比較的想定がしやすいのではないかと思います。もちろん医師等の診療方針によっては上記の平均値からぶれることもありますが、私たちの分析でどのようにぶれるかの分析も容易です。

では、本題です。

①何人採用するか？

まずは、地域の他の同規模の医療機関等がどの程度の人数で運営しているかを参考にしましょう。ただし参考というのは、最初から同数をそろえることではありません。理由は、開業当初から他の医療機関と同じように患者さんが来るわけではないからです。そのため、開業当初にフルスタッフで準備すると、患者さんの数の割にスタッフの時間が空いてしまい、売上に対して人件費を払いすぎることになります。

赤字経営に陥るのも問題ですが、スタッフの方が暇に慣れてしまうことでモチベーションが下がってしまうことも問題です。この状態を「普通の状態」といったん思い込むと、いざ適正な患者数になったときに「忙しくて回らない」との不満をもつようになってしまいます。これは離職にもつながりますので、注意すべきポイントです。こうした時間があるときに、理事長や院長、事務長が「クリニックの理念や使命」をきちんと教育するなど、前向きな経営を考えましょう。

人員基準の関係から、必ずそろえなければならない場合もありますので、その場合は法に従った配置にしてください。

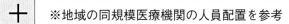

◆人員配置（何人入れるか？）

法に従った人員配置　＋　※地域の同規模医療機関の人員配置を参考

※最初から同数揃えると売上に対しての人件費過多、人数の割に暇などの問題が
　生じますのであくまで参考程度に

余談ですが、少し前に触れた薬局ですが、こちらは株式会社が運営できるということもあり社長が薬剤師ではない薬局も多々あります。ただ医療機関の医師・歯科医師ほど薬剤師に力があるかというと、そんなこともありません。株式会社であるためか、社長が力をもっているケースが多いです。

薬局は、医療機関の医師の採用よりも薬剤師の採用に苦慮していると思います。

ただ、薬剤師については近い将来、人不足は解決される流れになっていくでしょう。主な理由は①薬局数の減少、②薬学部の増加、③機械化の促進、の３つです。

①については、過去に厚生労働省が「薬局数を減らす」ことを明言しており、実際に報酬（詳細は後述）についても厳しい改定が続いております。そのため、一昔前ほど魅力ある業種ではなくなってきています。②は薬剤師数が増えるということです。③は、薬剤業務の効率化です。薬剤師の独占業務である調剤業務は今後、大部分が機械化されるといわれています。今でもかなり機械化は進んできており、個人的には最後は"自動販売機"のようなシステムができるのではないかと考えています。処方箋のバーコードを読み込むと自動で処方されるようなことになれば、薬剤師の数は確実に余ってきます。実際にここまでいくかどうかは別にしても、可能性はあると思っています。

②給与をいくらにするのか？

多くの医療機関の給与は、近隣地域の医療機関等の給与を参考にして設定します。このときに「早く人材が欲しい」からと給与を高めに設定する方がいますが、できればやめた方が良いでしょう。給与が高くなるということは経費が増えるということです。一度設定した給与はなかなか下げることはできません。これが原因で経営が圧迫され、近場の医療機関等で給与を上げる競争が起こってしまうと看護師等の給与相場が高騰し、収益がさらに圧迫されて共倒れになることも考えられます。給与の相場を見るには就職雑誌などや「ハローワーク」を検索するとわかります。ちなみに、私の経験上、オープン時のスタッフは集めやすい傾向にあります。

「新規募集」ということで、しがらみが少ない新天地への就職を希望する人は少なくありません。

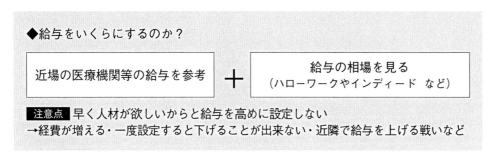

また、給与設定について補足ですが、医療機関等の経営で赤字になっているとこ

ろは、この設定が原因である場合が多いと感じます。理由は、医療機関等の経費の大部分は人件費であり、そこのコントロールが効かずに事業を行うと経費がかさむことです。前述のとおり、医療機関等は基本的に売上の最大値が決まっています。したがって、給与形態の設定を、初めにきちんと行うことが重要になるのです。

③どのように採用するか？

これは大きな課題です。②で説明したとおり、高い給与で採用するのはあまり望ましくありません。それよりも、クリニックの理念や使命に共感してくれる人を集めたいと考えます。そのためには先生がホームページやその他媒体であらかじめ理念等を伝えておく必要があります。

また、スタッフの採用媒体にはハローワークのような無料の人材紹介から有料の人材・職業紹介までさまざまあります。それぞれ一長一短があり、各々をよく理解しておくことで、採用の失敗を防ぐことができます。ハローワークでうまく見つからない場合には、有料の職業紹介でも格安なものがあり、そちらを探して利用されると採用経費を比較的抑えて事業を行うことができます。有料職業紹介事業者の中には、利用者が入職した際に祝い金を支払っているところもあり、そういった事業者に人材が集まる傾向があるため、ハローワーク等無料紹介はあまり期待できません。両方を同時に考えることが早道になります。

◆どのように採用するか？

クリニックの理念や使命に共感してくれる人
（ホームページや求人媒体に理念等を伝えましょう）

無料職業紹介 ハローワークなど	＜ 期待度	有料職業紹介 ※格安なものを探して利用しましょう

④どういった基準で採用するか？

採用基準がないと「とりあえず採用する」ということになってしまいます。優劣ではなく、その医療機関等に合う人と合わない人は必ずいます。いろいろ経験していて好印象の人材でも、医師等が考える医療機関等の価値観とは違うかもし

れません。例えば、「のんびり仲良くやっていきたい医療機関等」と、「大きく発展させたい医療機関等」では、望む人材が違います。採用側は方針をもっているのですから、面接時の質問内容で誘導したり、雰囲気から察したりすることが重要になってきます。

　ここで手を抜くと、医療職の方は特に就職・転職先が多いため、価値観が合わないとすぐに辞めていくことになります。

◆どういった基準で採用するか？

医師・医療機関等の価値観が一致すること

（面接の時の質問内容で誘導するなど、雰囲気で察することが重要です）

※医療職は転職先が多いため、価値観が合わないとすぐに辞めてしまう傾向があります

⑤いつから来てもらうか？（研修期間について）

　これは開業時に特に重要になってきます。研修期間をどれくらい取るのかがカギとなります。

　初めての開業ではトラブルはつきものですから、そのため準備期間の設定が必要です。研修せずに開業すると、結果的に患者さんに迷惑をかけてしまい、結果的に患者さん離れを招き、開業したのに患者さんが集まらないという事態を招きかねません。

　せっかく「地域医療に貢献したい」と思い開業されたのに患者さんにその気持ちが伝えきれないのではもったいないでしょう。そのため、開業には十分な準備期間が必要なのです。

◆いつから来てもらうか？

研修期間をどれくらいに設定するか？

※結果的に患者さん離れを招かないよう、十分な準備期間が必要です

以下は、大枠ではなく、具体的なケースで紹介したいと思います。

①応募は来たが、連絡をしようとしても連絡が取れない。

②採用面接時の連絡なしのドタキャンされた。

③採用したが、内定承諾されない。

④採用したが、採用日当日に来ない。

⑤働き始めたが、問題行動がある。

⑥急に来なくなった。

①応募は来たが、連絡をしようにも連絡が取れない。

②採用面接時の連絡なしのドタキャンされた。

　結論を申し上げると、これらについては想定内のことと思ってください。どこの業界でも起こることです。その理由として考えられるのが、「第一希望の医療機関等で内定をもらったので辞退」のケース、「採用担当者からの連絡が遅く、NGになったと勘違いして他の職場を探し始めた」のケースなどが想定されます。前者については、会う前では防ぎようがありません。率を下げるとしたら、医療機関等の想いを早めに届けておくくらいのことしかできません。

　「勘違い」については、防ぐ方法があります。まず、「応募があったら即連絡を取ること」です。ある人材紹介会社のデータによると「応募後4時間以上経過すると連絡が取れる確率が大幅に下がる」というデータがあります。たった4時間ですが、転職される方は、自院のみではなく他院にも就職活動をします。求職者はご自身の生活がかかっていますから、面接で採用が決まってほしい、さらには内定が前提で面接を受けるという話になっていたらどうでしょうか？

　他の医療機関等に連絡を取るのが煩わしいですよね。そのため、「まだ会ってもいない医療機関等からの連絡が来ても、自分からは連絡しない」ということではないでしょうか。「せめて一報入れてほしい」と願うのは採用側ですが、連絡をくれない方も実際にはいます。つまり「応募があったら即返事」ということを心がけてください。さらに考えてみましょう。応募したのに、何の連絡もなしに他に行ってしまうような人がスタッフになって、良いビジネスパートナーとして活躍してくれるでしょうか。そう考えると相手の方の対応の仕方も一つの採用基準になるのではないでしょうか。

③採用したが、内定承諾されない。

　これは採用する側にとっては厳しいです。理由の多くは、他の条件の良い医療機関等に決まったということで、防げない部分もあります。例えば立地や親の介護等家庭事情があって近場で働きたいといったケースは防ぎようがありません。

　ただ、できることもあります。それは、❶処遇、❷理念です。

　❶については、他よりも良くすれば大丈夫です。「給与が高くなるのでは？」と思われるかもしれませんが、実はちょっとしたノウハウで医師等ご自身が納得できる金額で採用する方法があります。実際に私の顧問先の医師等は、この方法を伝授して開業時のスタッフを確保し続けています。方法は、求職者と意見をすり合わせること、ただそれだけです。

　❷については、面接の時にどれだけ医療機関等の想いを面接にきた方に伝えられるかです。理念に共感してくれる求職者であれば、内定についてもスムーズに受けてくれることが多いです。そして応募の際と同様、内定についても早めにお伝えしましょう。求職者は内定が出るまで求職を続けますから、返事の早いところで働きたいと思うのは、皆さん同じだと思います。

④採用したが、採用日当日に来ない。

　採用したのに、当日来ない方がごくまれにいます。そうなると初日から医院の雰囲気も悪くなります。

　この正確な理由はわかりかねますが、可能性としては、内定を出してからそれより好条件の求人が見つかってそちらを選択したことが考えられます。内定承諾書に押印してもらうことで（絶対ではないにせよ）防ぐことができる可能性が上がります。また、小まめに事務連絡をするなど、入社日までに採用者との接点を多く持ち人間関係を作っておくことが重要です。

⑤働き始めたが、問題がある。

　せっかく採用したのに、他のスタッフとの関係性がうまく築けない。あるいは、面接の時に話していた仕事ができないといったケースが散見されます。この防止策は、面接時にいかに相手の人間性や仕事ぶりを見抜くかという点に尽きます。「具

体的に何をしてきたのか？」を深堀りして聞きましょう。さらに「取り組んできた仕事での課題をどのように解決したか」等具体的なエピソードを訪ねるなどで、履歴通りの実績を上げてきたかを知る手がかりを探りましょう。答えに詰まる方は、十分に仕事のスキルがない場合が多いです。また、スタッフ同士の相性などは以前の勤め先での人間関係なども聞いてみる必要があります。

　私のイメージですが、早期退職を繰り返している方は採用を控えたほうが良いでしょう。

　「医療機関等の理想像」を質問してみて、「理念と合わない」と思った方を採用すると、（問題行動とは異なりますが）早期に離職する傾向があります。また、理念に共感できていない方は問題行動も多いです。

　「実際にどういった仕事に携わってきたか」を具体的に聞いてください。例えば、事務だけをやっていた方と、マニュアルを作ったり新人を育てたりしたことがある方とでは、スタッフとしての価値が違います。そういった価値を生むことができる方を積極的に採用していくことが重要になると思います。

　この他、物品の盗難等にも十分に気を付ける必要があります。スタッフを信じたい気持ちはわかりますが、万が一に備えて「そういったことが起きない、起きたらすぐにわかる仕組みづくり」を作ることで防止は可能です。組織として「人を疑う必要をなくす方法」を考えていきましょう。

⑥急に来なくなった。突然離職した！

　最近よく耳にし、比較的若い方に多い傾向がありますが、若い人だけではありません。朝、SNSのメッセージで「退職します」と一報しただけで、出勤してこない。さらには、それすらなく来ない方もいるようです。そうしたケースは医療機関等のみならず、多くの業種であります。

　私が一番気を付けているのは、転職回数と転職期間です。当然、面接時にその理由を聞いてかまいません。転職理由が寿退社や出産・育児、残業が大変という場合は問題ないですが、前職の職場を悪く言う人は採用しないようにしています。一時期でもお世話になった医療機関等のことを悪く言う人は、新しい職場内でも愚痴を言ったり雰囲気を悪くしたりする可能性があるからです。

医療機関等といえども、基本的には他の業種と同じです。ただ、他の業種よりスタッフに力があることだけは覚えておきましょう。また、ツールが当然他の業種とは違います。人材紹介会社については早めにリサーチしておき、良し悪しを判断できるようにする必要があります。育成計画が立っていないところも多いため、士業として医療機関の採用にかかわる際にはスタッフの育成計画を作ってあげると良いと思います。

（2）第2位 〈集患について〉

医療機関は他業種に比べて特有の傾向があります（薬局は除く）。これは医療法の規定により広告に規制がかかっていることに起因します。

売上の根幹となる集患に関して、医療法の規制により広告が制限されていることがあるので、大っぴらな広告を打つことはできません。例えば、「新患さん特別割引！　今なら30％オフ」などと広告はできません（価格競争ができません）。「他のクリニックよりこれだけ素晴らしい治療をします」もダメです。差別化競争も一部は認められていますが、診療内容の標示等で禁止されている部分があります。そのほか、他の業界では認められていることが認められません。①虚偽広告の禁止、②比較優良広告の禁止、③誇大広告の禁止、④公序良俗に反する広告の禁止、⑤省令で定める事項の広告の禁止（体験談、ビフォー・アフター写真掲載の禁止）などがあります。

では、どういったことなら問題ないのでしょうか？

医療法6条の5第3項各号によりますと、以下の通りに規定されています。

①医師又は歯科医師である旨
②診療科名
③当該病院又は診療所の名称、電話番号及び所在の場所を表示する事項並びに当該病院又は診療所の管理者の氏名
④診療日若しくは診療時間又は予約による診療の実施の有無
⑤法令の規定に基づき一定の医療を担うものとして指定を受けた病院若しく

は診療所又は医師若しくは歯科医師である場合には、その旨

⑥地域医療連携推進法人（第七十条の五第一項に規定する地域医療連携推進法人をいう。第三十条の四第十項において同じ。）の参加病院等（第七十条の二第二項第二号に規定する参加病院等をいう。）である場合には、その旨

⑦入院設備の有無、第七条第二項に規定する病床の種別ごとの数、医師、歯科医師、薬剤師、看護師その他の従業者の員数その他の当該病院又は診療所における施設、設備又は従業者に関する事項

⑧当該病院又は診療所において診療に従事する医療従事者の氏名、年齢、性別、役職、略歴その他の当該医療従事者に関する事項であって医療を受ける者による医療に関する適切な選択に資するものとして厚生労働大臣が定めるもの

⑨患者又はその家族からの医療に関する相談に応ずるための措置、医療の安全を確保するための措置、個人情報の適正な取扱いを確保するための措置その他の当該病院又は診療所の管理又は運営に関する事項

⑩紹介をすることができる他の病院若しくは診療所又はその他の保健医療サービス若しくは福祉サービスを提供する者の名称、これらの者と当該病院又は診療所との間における施設、設備又は器具の共同利用の状況その他の当該病院又は診療所と保健医療サービス又は福祉サービスを提供する者との連携に関する事項

⑪診療録その他の診療に関する諸記録に係る情報の提供、第六条の四第三項に規定する書面の交付その他の当該病院又は診療所における医療に関する情報の提供に関する事項

⑫当該病院又は診療所において提供される医療の内容に関する事項（検査、手術その他の治療の方法については、医療を受ける者による医療に関する適切な選択に資するものとして厚生労働大臣が定めるものに限る。）

⑬当該病院又は診療所における患者の平均的な入院日数、平均的な外来患者又は入院患者の数その他の医療の提供の結果に関する事項であって医療を受ける者による医療に関する適切な選択に資するものとして厚生労働大臣が定めるもの

⑭その他前各号に掲げる事項に準ずるものとして厚生労働大臣が定める事項

前ページの記述ですが「医療機関情報と医師等の情報だけは認められている」ということです。

看板やホームページはOKですが、内容には規制があります。通常はチラシをまいたりすることができませんが、それが可能なのがオープニング時の『内覧会』の案内です。内覧会では地域の方への告知がしっかりできます。クリニックの中身も見てもらえますし、医師等の人柄も見てもらうことができます。お一人ずつに医師等が優しく話かけるようにしてください。この時の印象がそのままスタートダッシュに繋がります。

次は、実際にどのように集患をしているかというお話です。

看板、ホームページ、口コミ等がメインと考えられます。ただし、これらには医療法上の規制があることは記載ができませんので、ご注意ください。

①看板

看板で大事なのは「設置場所」です。よく遠方の国道沿いの目立つところに野立て看板を見ますが、これはクリニックの場所や診療科によってはあまり意味がありません。クリニックは地域密着型で行うのが通常で、診療圏がそれほど広くありません。患者さんの近隣に類似の診療科のクリニックがあれば、そちらに行ってしまいます。よほど特殊な診療を行っている医師等は別として、一般的な診療科では効果がないことが多いです。

また、所感ではありますが「看板を見て来院しました」という患者さんをあまり聞いたことがありません。看板に期待できるのは「クリニックの所在をわかりやすくするもの」という効果です。現に私のクライアントさんでも、看板を撤去しても売上は全く下がりませんでした。さらに、「どのようにクリニックを知りましたか？」という問いに関しても、看板をあげた人はほとんどいませんでした。ただし、医療機関が少し奥まったところにあり、誘導の意味で看板を設置するのは良いと思います。クリニックの場所がわからないという問い合わせを受けるのは非効率的です。

最寄りの駅のホームから見える場所に看板を掛けている医療機関も少なくありません。これも「その診療科目が得意なクリニックがこの地域にある」「連絡先や診療時間・休診日がわかる」という意味では設置してもいいと思います。

②ホームページ

　WEB 制作を依頼する場合には、業者選定がかなり重要です。業者が医療法を理解しておらず、明らかに NG なホームページを作られてしまうとやり直しになってしまいます。

　また、ホームページ作成にかかる費用はかなりバラつきがあり、数万円から数百万円まであります。さらに、ホームページは検索で上位に上がらないと見られることがありません。検索エンジンの 2 ページ目までしか見ないというのが通常です。

　患者さんはクリニックをどのように調べると思いますか？「○○市　クリニック」もしくは「○○市　○○科　クリニック」などの検索で引っかからないホームページには、集患力はないといえます。どれだけ素晴らしいホームページを作っても、見てもらえなければ意味がないですよね。

　検索エンジンの上位にあげるために動くことを『SEO 対策』と言います。この SEO 対策ができているかというのがポイントになります。そのためには、構築の段階で SEO 対策のできているホームページの作成をしてもらう必要があります。もしくは、Google や Yahoo！などに広告費をかけて上げてもらうこともできます。これに関しては他業種と同じです。「それならホームページはいらない！」ということではなく、休診日やクリニック情報等はリピーターの方が見ることが多いので、できれば自院独自のホームページを作っておくことをおすすめします。

（注意）通常はチラシをまいたりすることが出来ません

※チラシをまける時期は **オープニング時の「内覧会」の時のみ**

③口コミ

　患者さんを集める方法として、じつはこれが一番大事です。効果も最強、0 円です！　ただし口コミは広げる方法が難しいのです。他業種と同じで、患者さん（顧客）が診療サービスを喜ぶようにするのが一番大切です。他業種でいう顧客満足度の向上です。

　ただし注意すべきことがあります。それは「一人当たりの診療時間を増やすと満

足度は高くなります（丁寧な医師だなという印象になります）が、回転率が下がるので売上は下がる」ということです。

　一方で、検査のニーズなどにも臨機応変に対応できると良いと思います。これに関しては飲食店の席数と同じイメージです。1人の医師が診られる患者さんの数が、飲食店でいう席数です。コーヒー1杯でいつまでも居座られてしまうと収益にかかわりますね。さらに、医療機関は飲食店と違って追加オーダーは多くないので、もっと露骨に数字に表れます。その場合、一つの解決策が検査です。検査は点数が別途請求できますし、患者さんとの関係性を構築する上で、医療的なデータを手元に確保することで信頼関係が深まるきっかけも作れるためです。

　また、口コミを広げる方法として地域に向けての健康セミナーの実施もおすすめです。これに関しては、医師等が得意な診療についてお話すれば良く、医師のお人柄をわかっていただけるように努めていただければと思います。待合室やご自身のホームページで「健康セミナー開催！」という告示をして自院から発信するのも方法ですが、地域の医師会や保健所、健康センターなどと関係をもつことで、依頼されるチャンスがやってきます。また、地域連携をテーマに複数の医療機関が共同開催するのも方法です。

　セミナーの実施を嫌がる医師等もいると思いますが、数少ない販促方法ですので、頑張って説得してみてください。

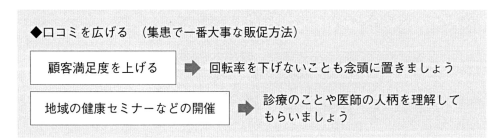

（3）第3位　〈忙しすぎる〉

　これは嬉しい悲鳴のような気もしますが、医師等にとっては切実です。医療機関においては、医師等が一人の配置の場合「患者さん数＝医師等が見なければならない人数」です。つまり患者さん数が増えればその分労働時間が増えます。キー

ワードは一人当たりの診療時間です。これをしっかり分析してください。

　同一診療科でやっている周りの医療機関が、一人当たりの診療時間をどのくらい取っているのかに注目してください。その診療時間をオーバーしていれば、当然医師等は忙しくなってきます。

　次に、その原因を探ります。人員配置が少ない場合、診察がメインの医師等とはいえオペレーションスタッフの数が少ないと、どうしても医師等に負荷がいきます。また、医師等の患者さん一人当たりの診療時間が長ければ、当然診療時間が長くなります。負荷が多いか少ないかというのをどのように把握するかについては詳しくは後述しますが、医療機関は情報が公開されていますので、「どの科では、どのくらいの単価で、どの程度の患者数で、何人が働いているか」ということがわかります。ここから比較して大幅に乖離していれば、その点に問題があるということです。これは診療報酬を請求するシステムを見ればすぐに分析できるので、「単価がわかりません」とはなりません。そのため、医師等が「忙しすぎる」と口にした際には、これらを分析してあげられると良いでしょう。他の業種と違いしっかりと情報が出るので、分析はしやすいのです。分析した結果に基づいて、どのように改善していくのかをアドバイスしていきましょう。

◆忙しすぎる原因は？

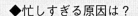
一人当たりの診療時間に注目

医師が一人配置の場合
患者数＝医師等が診なければならない人数
※患者数が増えればその分労働時間が増えます

周りの同一診療科の情報を参照
・単価
・患者数
・スタッフの人数　など
※医療機関は情報が公開されています

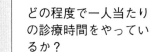

どの程度で一人当たりの診療時間をやっているか？

分析する

・配置人員が少ない？

・診療時間が長い？

大幅に乖離している点に問題があります

分析の際は診療報酬を請求するシステムを活用

第 **5** 章

経営コンサルタント手法
～コミュニケーション編～

　ここでは、実際に医療機関とどのようにコミュニケーション（営業）をとって、受注・継続につなげるかを記述します。「医療マーケットに参入したいが、どのように参入していいかわからない」という方は、ぜひお読みください。

　ただし、これからお書きすることは、「当たり前のことでは？」と思われることも多いかもしれません。しかしながら、これができておらず受注できるはずの案件を失注するという話をよく聞きます。「前にお会いした方とは、コミュニケーションが取りにくかったので契約をやめました」という話は本当に多いです。

(1) まずは傾聴

　どの業種でもそうですが、私の感覚だと医療機関等については、傾聴がポイントである傾向はいっそう強いと思います。医師等が士業の方に「話を聞いてほしい」というときには、何かしらの悩みをもっているときです。まずは話をしっかり聞いてください。

　医師等の方に対して、士業の方に散見されるのが、「法律なので」と突っぱねる態度です。専門職として言わなければならないことはわかりますが、「法律で決まっていることはわかっているけれども、どのように解決したらいいのかわからなくて相談しているのに」と医師等が思っていたときには「裏切られた！」という気持ちになります。そうなると、相談しにくい印象を与えてしまいます。

　まず「先生がどうしてこのことを相談しているのだろう？」という態度で、傾聴してください。相手の話に対して言いたいことがある場合も重々わかりますが、話を遮るのではなくまず相手の方の話を聞いてください。そして必ず一度「そうなのですね」、「たいせつなお話ですね」など、"共感"してください。当たり前のことのようで、共感ができていない方が少なくないイメージがあります。

　いっぽう、契約前には傾聴し共感をやっていた士業の方でも、契約後に急に強気になってお話される方もいます。しかし、それでは信頼関係を築くことができません。医療機関の支援を行う時には、外部の専門家というイメージは捨てて、内部の人として一緒に考えて行動する態度が良いです。

◆傾聴する

> ・話を遮るのではなく、まずは聞く耳を持つ（必ず一度共感する）
> ・外部の専門家というイメージを捨てる（内部の人として行動）

※しっかりとした信頼関係を築くことが大事です

（2）安心感を与える

　これもどの業種でも共通ですが、安心感を与えるように努めてください。とはいえ、なかなか難しいのは現実です。医療機関の方から、「前に会ったコンサルタントは業界のことを知らないようで、不安だったので、契約するのをやめました」という話を聞くことがあります。

　また、医療機関の方ご自身が、「医療機関は特別な業界なので、業界のことを知らないと支援ができない」と思っていることも多いです。確かに特殊な業界だと思われがちであり、他の業種と比べて特異性はありますが、根幹から全く異なるわけではありません。私も薬剤師ですが、その経験を使ってコンサルティングをしているかといえば、そうでもないのが実情です。ただ、医療職だからこそできる雑談などは確かにあるので、安心感を与えるという意味では雑談などもあったほうが有利です。

　一回契約に繋がれば、他の業種と着眼点はほとんど変わらないのではないでしょ

うか。外部企業と交渉や仕入れ値の交渉は、他の業種よりはかなり楽だと思います。ただ、医師等が知りたいのはこういった状況ではなく、どうやって安心感を与えるかということだと思います。これはそこまで難しい話ではなく、特に最初は誰かの信用を借りるのが一番です。実績を積めば実績で信頼されますが、それまでは誰かから紹介してもらう等様々な方法で信頼を勝ち取りましょう。

（3）専門用語

専門用語が難しいという悩みをよく聞きますが、士業として支援をする際には専門用語はほとんど不要だと思います。私も正直、わからないことが多くてその場で調べながら会話することがあります。専門用語がわからないという方は、とりあえずこの本にある用語だけでも覚えておきましょう。ただし、数値等の専門家によるアドバイスに関わる部分だけはしっかりと覚えてください。

また、相談先でインターネットがつながる環境をそろえておきましょう。この問題は携帯電話にデザリング機能を入れる、ポケット wi-fi を装備しておく、等で解決できます。

マニアックな診療等に関する話をするのが好きな医師等もいますが、話すこと自体が好きなので正確に理解していなくても嫌がられることは少ないと思います。わからないことは素直に「わからないから教えてください」というスタンスでいれば大丈夫です。「専門家でも専門外のことはわからない」ことを、誰もがよく知っているのが、医療業界なのでご安心ください。

（4）コーディネートをする

最近よく、中小企業支援の中で『伴走型支援』ということがいわれます。わかりやすくいえば、「支援を求める企業と支援者が一対一になって、支援者は課題解決のための支援を最後まで担う」といったイメージであると思いますが、医療機関の支援はそのレベルにとどまりません。そもそも、支援というより関係者になるのが一般的です。決裁権を与えられることもあります。

　ですから、医療機関とのビジネスでは、課題を解決するだけでなく、経営全般を見ることができるようにしましょう。もちろん一人で経営全般すべてを見ることはできないので、解決できるネットワークをもつことが大切です。何か課題・問題を抱えた場合に、「どの人に相談しようか」という流れではなく、「相談すべき人を念頭において対応するのが良い」と思います。ただし、その紹介先についても常に情報をアップデートして、より良い提案ができる状況にしておく必要があります。こうした相談相手をバックにもちつつ、一人で医療機関経営の窓口になれる事務長のようなスキルが求められると思います。

第1章
第2章
第3章
第4章
第5章
第6章
第7章

経営コンサルタント手法
～手技編～

　次は実際の手技の話です。ただ、よくいわれる経営分析等の話はほとんどなく、実務で使えるような話にしています。そのためあまり難しい話には深く言及していません。ただし困った時の切り口にはなると考えています。

　他の業種と異なり、医療機関で士業の支援ニーズの大きいのは開業時です。特に医師・歯科医師は医療に対するインセンティブが高いですが、経営への関心は低く、「できればほかの人にやってほしい」というのが本音だと思います。また比較的裕福であると推測されることから、初期投資を惜しまないことも考えられます。いずれにしても開業時から支援に入るのが一番良いタイミングだと思います。

(1) 開業支援

　「開業支援の一つである『開業地』は、何をもって決めますか?」というご質問をいただくことがあります。

　私は、開業する医師等がよく知っているところ、自身で土地を所有している等の動機づけがあれば良いと思います。土地勘があるのはやはり強みになります。

　ただし、必ず「診療圏分析」を行いましょう。診療圏分析とは、他の事業体でいう商圏分析です。実際にそれを怠って失敗している医療機関を多く見ています。「開業地、初期投資はあとから変更することができない」ことを念頭に置いて、医師等とよく相談をしてください。

話をわかりやすくするために極端な例を話します。

住宅がほぼなく、住んでいる人がほとんどいない土地で医療機関等を開業したら、満足のいく集患ができません。その結果、売上につながらなくて結果的に十分な収入が得られないこともあります。

その逆の場合もあります。人口は多いが医療機関等が過密地帯で、しかも住民のほとんどが他の医療機関等に囲まれているといった状態では、開業しても患者さんを集めることができません。

どちらも適切な「開業地」だとは言えないでしょう。開業地の選択おいては、以下の図のように考えなければなりません。

◆開業地
どのようにして開業地を決めるか？

 強み　・土地を持っている
　　　　　・土地勘がある　など

 分析　・診療圏（商圏）

※必ずしてください

（2）初期投資

初期投資に失敗すると大変な事態に陥る可能性があります。医療機関経営で苦しむ大きな原因は、主にこのポイントです。

まず、開業コストが適正か否か、しっかりと確認してください。特に医療機器や内装工事費等の大きな金額については特にご留意ください。必要以上の設備投資をしようとしたり、アメニティにお金をかけすぎたりしていませんか？

医師や歯科医師は社会的信用度の高い属性の方々です。良くも悪くも銀行からお金が借りられる立場にあります。しかし。それが原因となって、実現可能性の低い計画であっても通ってしまうことがあります。私の、開業時に関わっておらず、うまくいかないからと相談を受けたクライアントでも、これが原因で苦しんでいるところが少なくありません。

具体的な金額でご説明します。

3億円の開業資金を全額融資で行い、20年で返済するとなると、年間1,500万円の返済が必要になります。ところが上記の3億円を設備資金（医療機器や内装工事）に使ってしまうと、開業前にそのお金はもうありません。つまり、医療機器は別として、換金性のない固定資産が残っている状態になります。医療機器が中古で大幅に金額が下がるのも、この業界の特徴かもしれません。

　さらに、簡単に事業収支の話をすると

> 売上 − 経費 ＝ 利益
>
> 利益 × 税率 ＝ 税金

となります。

　ご承知のように、この経費の中には融資の返済金は入りません。また、個人事業主で始めると、医師・歯科医師等の給料も経費扱いになりません。

　そのため、下記のようなケースも起こります。

> 売上（1億）− 経費（8,000万円）＝ 利益（2,000万円）
>
> 利益（2,000万円）× 税率（約25%）＝ 500万円（税金）
>
> 利益（2,000万円）− 500万円（税金）− 1,500万円（融資返済）＝ 0
>
> 　（※税率は、わかり易くするために概算で話していますので正確ではありません。）

　医師・歯科医師等の取り分を考えると事業としては黒字、キャッシュフロー（お金の流れ）が赤字になります。

　「売上を上げればいいのでは？」と思われるかもしれませんが、クリニックで医師等がお一人だと、診ることのできる患者数にも限界があります。また、経費についても、創業時に決めたものを削減するのは難しい場合もあります（家賃、人件費等）。

　そのため、開業の際にはしっかりと事業計画を立てて、納得のいく数値にしてください。これらは士業の方にとっては“釈迦に説法”なのかもしれませんが、クリニック開業で失敗する大きな要因の1つなので、あえて記載しました。特に医師は「できるだけ良いものを」と考える方が多いため、士業として冷静かつ正確に判断

しアドバイスできなければなりません。開業するときに事業計画をきちんと立てない、あるいは他人任せにしてしまうのが、他の事業の経営者と大きく異なる点です。ただし、実は医療機関等は計画するのが簡単です。というのも、他の医療機関の情報が見られるからです。

『医療機能情報提供制度』というものがあり、医療法において、医療機関に対し、医療機関の医療機能に関する一定の情報について、都道府県への報告を義務付け、都道府県が情報を集約してわかりやすく提供する仕組み（薬局についても同様）があります。

　上記の情報からは、基本情報と呼ばれる以下のものがまずわかります。

　①名称、②開設者、③管理者、④所在地、⑤電話番号、⑥診療科目、⑦診療日 、⑧診療時間、⑨病床種別及び届出・許可病床数。

　また、基本情報以外の全ての情報として以下のものがあります。

①管理・運営・サービス等に関する事項（アクセス方法、外国語対応、費用負担 等）

②提供サービスや医療連携体制に関する事項（専門医〔※広告可能なものに限る〕、保有する設備、対応可能な疾患・治療内容、対応可能な在宅医療、セカンドオピニオン対応、地域医療連携体制等

③医療の実績、結果に関する事項（医療安全対策、院内感染対策、クリティカルパスの実施、診療情報管理体制、情報開示体制、治療結果に関する分析の有無、患者さん数、平均在院日数等）。

　これらのうち、数値に関わる部分をピックアップして経営計画に利用してください。また、インターネット等で「○○科　診療単価」等を調べると診療単価がわか

◆初期投資

> 必要以上の投資に注意することが重要

※特に医療機器や内装工事等の高額な費用

〈例〉売上（1億）−経費（8000万円）＝利益（2000万円）
　　　利益（2000万円）×税率（※約25%）＝500万円（税金）
　　　利益（2000万円）−500万円（税金）−1500万円（**融資返済**）＝0

●他の医療機関の基本情報を経営計画に利用してください
※医療機能情報提供制度により、医療機関は医療機能に関する一定の情報を道府県に報告することが義務付けられています

ります。目標の売上高などもここからわかるので、他の業種よりは比較的楽に経営計画が立てられるのが特徴です。もちろん、自費診療等もあるので一概にはいえませんが、全く情報がない状態で実施する必要がないのでやり易いと思います。

（3）人材が集まらないときの解決策

先にお伝えしますが、特効薬はありません。

では、どのように解決するかという点です。まずはどのような媒体があるかを知っていくことが重要です。着手できる媒体としては以下のものがあります。

①ハローワーク等の無料媒体

②無料で作成できる自社リクルーティングページ

③有料で作成してもらえる自社リクルーティングページ

④一般的な人材紹介会社

⑤自社で運用する人材紹介会社

⑥人材派遣会社

無料・有料、有料の中でも高額・安価なものがありますが、組み合わせてしっかりやっていくことが重要であると思います。

特に採用がうまくいっていない事業所の特徴として、採用に対する協力者がいないことがあげられます。「人材採用にお金を使うなんて」と考える方もいますが、お金をかけずにリクルートができた時代とは異なります。これからさらに就労人口が減少していくため、より厳しい環境になっていくと思います。そのため、人材採用の際にもワンストップで相談をしてくれる外部専門家がいると心強いのです。

また、求人活動は必ずルーチンで行うように心がけてください。突発的にやってもシステム化されていないためかなり時間がかかります。求職者からの連絡はすぐにレスポンスしてください。応募があったらすぐ（4時間以内が目安）に連絡する。内定が決定したらすぐに通知する。特に中小企業の場合、面接に代表者が出ることが多いので、その場で内定を出すことも可能です。ただしその際、面接の時の雰囲

気で給与を上げてしまわないように、必ず面接前に給与の上限を決めておいてください。

　ちなみに、私は人材採用の窓口をやることも多いです。どうしても医療機関等の経営者は診療時間の関係で即レスポンスをするのが不可能なことが多いので、私がこの部分の代行をしています。これによって、医療機関等の経営者からすると完全に「外注先」というよりも「中の人」という位置付けになるのです。

◆人材が集まらない時の解決策

> ①ハローワーク等の無料媒体
> ②無料で作成できる自社リクルーティングページ
> ③有料で作成してもらえるリクルーティングページ
> ④一般的な人材紹介会社
> ⑤自社で運用する人材紹介会社
> ⑥人材派遣会社

※組み合わせでしっかりやっていくことが重要

（4）赤字の理由は？

　クリニックでの赤字の原因は、概ね以下の理由です。

> ①売上不足　②人件費過剰　③減価償却費過剰　④無駄な経費がある

①売上不足

　他の業種でもあることです。「創業時は仕方がない」と割り切ってください。製造業さんのように元々いた会社から仕事をもらうことはないので、最初はほぼ赤字になることは想定してください。医師等が前にいた病院から患者さんを引き連れてくることもありますが、それだけで黒字になる可能性は少ないです。

　ただ、1年以上たっても売上が不足するようでしたら、これまでやってきた販売促進方法の見直しが必要です。方法については前述のとおり、ホームページや口コミ、セミナー等を充実させることが一般的です。これが不足していれば売上が立ちません。また、患者さんの離脱率等の計測、患者さん満足度アンケートの実施等を

行って、

①そもそも患者さんが来ていないのか（新患不足）

②患者さんの満足度が低くて離脱しているのか（リピーター不足）

を調査をしてください。原因分析をしていくことで対策が変わります。

　新患不足であれば、広報活動等を行い、いかに新患を確保するのかを考えていく必要があります。リピーター不足であれば、来てくれた患者さんにどのようにしてファンになってもらい、再診回数を増やすかを考えていく必要があります。医療では、そのためのノウハウがそれほど多くありません。その理由は、前述した医療法との関係です。リピーター不足については、患者さんが何を思っているのかを「見える化」しましょう。患者さんアンケートや受付での患者さんの言葉を分析すれば、原因がわかるはずです。門前薬局であれば、目の前のクリニック等との関係性を築いていれば患者数、処方せん発行枚数などを教えてくれます。そこからどれだけ乖離しているのかを把握しましょう。

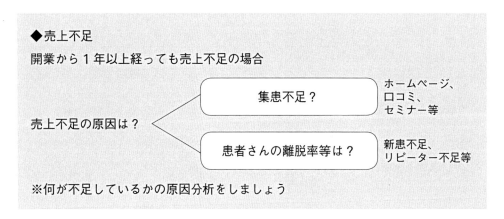

◆売上不足
開業から1年以上経っても売上不足の場合

売上不足の原因は？
- 集患不足？　→　ホームページ、口コミ、セミナー等
- 患者さんの離脱率等は？　→　新患不足、リピーター不足等

※何が不足しているかの原因分析をしましょう

②人件費過剰

　これは、注意すれば防げます。まず、他の同規模の同一診療科の人員配置よりも多いかどうかを調べてください。例えば、看護師さんが1人多ければ「月給30万円×1.2（法定福利費の概算）＋交通費＋福利厚生費等」で月40万円くらい多く経費がかかります。年間では500万円程度になります。これとは別に、一人当たりの給料が高いことも問題になります。これは、クリニック等よりも薬局に多いパターンです。

　医療専門職の採用は多職種に比べて難しいので、離職した際のイメージから過剰

に採用しているところがあります。これが続くと赤字体質が継続し、経営が厳しくなります。また、すぐに修正できないのが、人件費に起因する赤字です。

> ◆人件費過剰
> 同規模の同一診療科の人員配置と比較
>
> 〈例〉看護師さんが一人多い場合
> 　　　月給30万円×1.2（法定福利費の概算）＋交通費＋福利厚生費等≒40万
> 　　　　　　　　　　　　　　　　　　※年間で500万円ぐらいの金額になります
>
> ※過剰採用、一人当たりの給与が高すぎ等に注意が必要です

③減価償却費の過剰

　要は医療機器の導入等による過大な初期投資が主たる要因です。減価償却費というのは、金額の高い医療機器や内装設備などの購入代金を、購入した年に一期に経費として計上するのではなく、分割して計上していくものです。それぞれ耐用年数があり、購入金額を耐用年数で割った金額を計上します。例えば、3000万円の機械が耐用年数6年だとすると年間500万円を6年間で計上することになります。経営分析をした際に減価償却費が過剰というのは、規模に比べて投資が多いことを意味します。減価償却費の多いこと自体が問題というよりも、減価償却費が多い背景が問題です。本来不要な機器を購入したために不要な融資が発生し、返済資金に追われる等の理由があれば問題にすべきです。減価償却費の多いことから除却（医療機器等を捨てる等すること）しても解決はしません。経営している間はずっとつきまとうことになるのでご注意ください。

④無駄な経費がある

　本来不要な経費、もしくは本来そこまで高くないはずのものを高値で購入またはリース契約してしまっているケースがあります。これは、気づくのが難しいのが特徴です。特に業界に慣れていない方は、本当に要る経費かどうかを見極めるのは一苦労かもしれません。ただ、他の業種と同じように相見積もりを取ることでコスト減につなげることは可能です。また、結構多負担が大きくなるコストが人材紹介会社に支払う費用です。これに関しても見直しや、人材紹介会社に交渉ができないか等を検討してください。

第7章は、具体的に発生したトラブルや事例についてお伝えします。また、これから医療マーケットに入る際の競合についてもお話しします。生々しい事例から、実際にどういった競合が起こるのかを学んで、同じことが起きないように注意していただきたいと思います。

（1）医療機関等経営の際の人材トラブル

医療機関等の経営において最も多いのが人材トラブルです。

有資格者が多く、有効求人倍率が高い医療機関等では、他の業種に比べてスタッフからのかなり強気な賃金交渉や待遇改善要求、早期離職等が起こりやすくなります。

実際の事例を紹介します。

①相場より1.5倍近い給与で雇っている

これは単純な話で、人材紹介会社が提示する金額でそのまま雇ってしまい、人件費が過剰になってしまったケースです。人材紹介会社の多くは『年収×○○％』のようにフィーを決めているので、年収が高い人を紹介する傾向があります。もちろん、求職者にとっても年収が高いことは大きなメリットとなり、採用が決まりやすいのも事実です。

これはかなり極端なケースですが、全スタッフが人材紹介会社に紹介された方で、

さらに人員も過剰状態であり、どう計算してもキャッシュフローでプラスにはならない状況でした。そのため最初に行ったのは人員整理でした。人員整理はかなりハードルが高いもので、最終手段といえる手法でしたが、これ以外には生き残る道がなかったため決断しました。

◆相場より 1.5 倍近い給与で雇っている

主な要因・人材紹介会社が高収入人材を紹介したがる
（年収×〇％でフィーをきめているため）
・求職者にとっても年収が高いのは有利なため採用が決まりやすい

②人員過剰（粗利益—人件費だけでマイナス）

　これに関しても①とほぼ同じ解決方法でした。ただし、このケースで①と異なるのは、「適切な人員にすればプラスになる」という点でした。結果的には人員整理をして現状のとおりにし、売上が改善したら雇用するという流れへと変えることができました。

　最初からこうしなかった理由は、やはり医療職は集まりにくいため、限られた期間での新規採用が難しかったからです。医療機関等の経営者は、人材採用においてはトラウマに近いものを抱えており、ついつい人員過剰にしてしまいがちなのです。

◆人員過剰
医療職は人員が集まりにくく急に集めるのが難しい

⬇ 医療機関の経営者にこのようなトラウマが多いため

人員過剰にしてしまいがちになる

③事あるごとに給与交渉してくる社員

　人材不足の状態を交渉材料にして、常に給与交渉をしてくるスタッフがいました。内容の詳細は省きますが、これは経営者にとってかなりストレスになることは想像に難くありません。自分が辞めれば業務が回らない状態になることをわかっており、交渉を続けていたのです。

④集団引き抜き離職

　ある医療機関では、いっぺんに従業員が辞めてしまいました。このケースでは大変な実害を被りました。あるスタッフが従業員全員を引き連れて離職し、元々の医療機関等の近隣地に新たな医療機関を開設するという事態が起きたのです。

　つまり、ある日突然、従業員を失っただけでなく、近場に他の医療施設が開業までしてしまったのです。

⑤院長とスタッフの関係性が構築されていない

　医療機関では結構大きな問題を招くことがあります。医療機関は他の業種以上に、トップ（院長）に意見を言いにくい職場です。「コメディカルが医師に物申すなんて」という職場風土すらいまだにあります。院長が常に完璧なら問題ありませんが、院長とはいえ人間です。さらにいうと、初めて独立開業する時は、経験のあるスタッフのほうが知識的に優れていることもあります。当然、診療に関しては医師の判断で行うべきですが、経営や運営に関してはスタッフの意見を聞くべき場面も少なくありません。しかし、院長とスタッフとの関係性が構築されていなければ、意見具申はいけないことだと思い込んでいる方が多いのです。これが大きな損失を招きます。

　普段から意見の言いやすい環境にするために、院長がスタッフ全員とコミュニケーションを取ることが望ましく、それが難しいなら士業の方がコミュニケーションを代行してあげる必要があると思います。解決策はそれほど難しくありません。「話を聞く」、それだけです。

⑥寿退社、育児休暇、介護休暇ラッシュ

　医療機関等の従業員は女性の割合が高く、こういったことはよく起きるのが実情です。そして、時期が重なる場合も多々あります。必ず起きることとして、事前に対策を練っておく必要があります。

　これらの共通点は、「急に人がいなくなることを想定するべき」ということです。しかも、他の職種より採用が困難な医療職の場合、仮に現在は充足していたとしても、先を見据えて採用ができる体制を整えておく必要があります。日々の業務に忙

殺されて、ここがおざなりになっている医療機関等がよく見られます。常に、どのように採用していくのかという点をルール化しておきましょう。

（2）クリニック開業の際の業許可トラブル

これに関しては簡単に説明します。

最悪のトラブルは、実際に許認可などの要件に合っていない状態で施工等をしてしまい、施工をやり直し、加算の申請書が間に合わず1ヵ月程度の加算の後ろ倒し等がよくあるトラブルです。これの解決方法は、「必ず事前に行政機関に確認すること」です。また、初めて行う時には、行政機関のみではなくよく理解している人に確認を取るようにしてください。

（3）もったいないクリニック開業

補助金や助成金の申請については、特に中小企業診断士や社会保険労務士の方の得意分野だと思います。これも大きな差別化要因となります。医薬品卸の担当者には、こうした知識を持っている方は少数です。特に自治体のマイナーな補助金などについては、知らない方が多いようです。

しかし、これだけで開業コンサルティングフィーの元が取れることもあるくらい、補助金や助成金は数多くあります。しかも、申請がそれほど難しくないものもあるので、おすすめします。ただし、これだけを頼りに営業すると、あとで実力が伴わないという理由で解約につながることもありますので、ご注意ください。ちなみに私は、補助金を営業トークにして支援に入ったことはありません。とはいえ、返す必要のないお金が入るのは経営者にとっては嬉しいことなので、ぜひ提案の1つに加えてみてください。

（4）開業地の選定

医療機関等が既に決定した開業地というのは、かなり重たいものです。移転等が

第1章

第2章

第3章

第4章

第5章

第6章

第7章

できないわけではありませんが、ハードルが高いのは事実です。特に、門前薬局等は医師との関係性もありますから、簡単に撤退することはできません。診療圏分析（他の業種で言われる商圏分析）も行ったほうが良いのですが、それはあくまでも現在の人口動態の結果に基づきます。その他、外的要因（競合の参入等）も介在するので、開業地は慎重に決定する必要があります。

　最も難しいのは、医師等が信頼できる方から場所を紹介してもらった場合です。外部支援者がいきなりこれに NG を出しても、関係性の構築ができている紹介者のほうを信頼されるケースが多いと思われます。しかし本当に不適切な立地を紹介される場合も想定されます。診療圏分析の失敗、競合が起こりそう、家賃が高い等の評価を、どのように伝えるかがスキルであると思います。私は客観的な資料をお出しするだけで、判断はご本人にお任せしています。どうしてもその場所で開業したいというのであれば、止めることはできません。

◆開業地の選定
診療圏の他、競合の参入等にも耐えられる場所に

医師等が信頼できる方から
教えてもらった場所

・診療分析 NG
・競合が出来そう
・家賃が高い　など

どのように伝えるか？　→

客観的な資料を出す
ことで判断はご本人
にお任せする

※外部支援者としていきなり NG を言うと関係性の構築が出来ている紹介者の方を信頼されます

（5）経営コンサルタントの選び方

　医師・歯科医師等が、紹介をされるケースとして多いと思われるのが医薬品卸もしくはその関連会社（子会社のことが多い）が紹介する開業コンサルタントです。最大のメリットは料金が安いことです。弊社ではあんなに安価でのご支援はできないので、必ず医薬品卸紹介のコンサルタントのお話をさせていただきます。

　医師等にとってコスト的にメリットがあることは大きいと思います。開業時のイニシャルコストを抑えるという意味では最適です。また、このコンサルタントに近

い医薬品卸から独自の情報網も得ることができる場合もあります。実績も、コンサルタントの方自身では経験がなくとも、バックにいる医薬品卸の会社には蓄積されたノウハウがあるので心配もありません。ただ、経営についてわかっているかという点と、開業後のフォローは少し心配です。当然、医薬品卸紹介の開業コンサルタントの方はサラリーマンですから、開業支援をする背景には「紹介会社の商品を売りたい」という考えがあるのです。開業支援のコンサルを紹介してもらったのに「御社とは取引しません」とはなかなか言えません。また、経営の先を見据えて将来まで考えてくれているかと問われれば、疑問があります。継続的な取引をしていきたいのですから、ある程度のことはしてくれると思いますが、専門家ではないという印象もあります。「コストが安いので、開業までの支援でいい」という方は、こうしたコンサルタントに相談するのも一考です。

　では、どのようにすれば、あなたご自身を選んでもらえるのでしょうか。

　私は経営を見ることができる点をメリットにしてクロージングをかけます。開業だけではなく経営についてもスキルを持っている、開業支援にいただくフィー以上の効果を提供できることをお伝えします。他にもいろいろと切り口はあると思いますが、最大の競合相手である医薬品卸の紹介するコンサルはベンチマークする必要は間違いなくあります。民間の医療マーケットに入っている士業やコンサルタントももちろん競合します。

　これらの多くは医療機関等での経験をもとに勝負している方が多く、専門知識をかなり持っている方が多いです。こういった方々に対抗するには、規模の小さなクリニック等のコンサルティングスキルを学ぶことが重要かと思います。経験を強みにコンサルティングを行っている方の多くは、大きな病院等の出身の方が多いと思います。そのため、いわゆるクリニックを得意としている方は、それほど多くはいないと思います。また、士業の方のように能力を有していることを客観的に証するものがないので、そこも差別化要因の１つだと思います。民間の医療系コンサルタントの資格等もありますが、医療機関等の方はそもそも国家資格を持って業務を行っている方たちなので、国家資格が響くのは間違いありません。また、公的機関や金融機関等の紹介も、士業の国家資格を持っている方のほうが紹介しやすいのは言うまでもありません。士業の資格を持っていることに胡坐をかいてはいけません

85

が、突破口の１つになることは事実であると感じています。

◆経営コンサルタントの選び方

＜知名度の高い競合＞

医薬品卸（関連会社）の開業コンサル

・メリット…安い＝コストがおさえられる、医療機関の専門、ノウハウがある
・デメリット…経営に関しては専門ではないので少し心配（先を見据えている？）

何をアピールしてご自身を選んでもらうか？

○開業だけじゃなく経営も分かる
○規模の小さなクリニックを得意とする
○客観的な能力を証明する国家資格

差別化要因を突破口に

あとがき

　本書では、医療機関支援のための基礎知識について、おおまかな説明させていただきました。数値計画などについては、士業の方を対象にしているので割愛しておりますが、ざっくりとした流れですので、参考程度にしていただければ幸いです。実際には医師等のご要望に応じてかなり支援内容も変わりますので、この書籍の内容だけでは不足している部分もあります。

　医師等と信頼関係を築くことができれば、個人的な悩み等を打ち明けられることもよくあります。士業の方は、その際に「コンサルタントの仕事はここまで」と決めずに、さまざまなの悩み（医師等のニーズ）を解決していけるような仲間をご自身の周囲にもっていると良いと思います。外部ブレーンを多くもつことにより対応可能な領域を広げていくことが、かなりの強みになってくると思います。

　本書のお話が、新しく医療マーケットに参入したいと考えている方のお役に立つことを願ってやみません。

2022年1月　戸井優貴

〈著者の紹介〉

戸井優貴（とい　ゆうき）

㈱Tcell 代表取締役社長　中小企業診断士・薬剤師

薬剤師免許取得後、名古屋大学大学院医学系研究科に進学。その後愛知県に入庁し、東証一部上場企業の製薬メーカーに勤める。その後㈱Tcell医療福祉経営コンサルタント（現：㈱Tcell）を設立。医療機関等の設立から事業再生、事業承継、M＆A、財務コンサルティング等の支援を行う。当社においても放課後等デイサービス等の事業を実際に行っている。

士業向け医療機関コンサルティングの教科書

2022年2月17日　第1刷発行

著者　　　　戸井優貴

発行　　　　株式会社Tcell 代表取締役社長　戸井優貴

発売　　　　松嶋　薫
　　　　　　株式会社メディア・ケアプラス
　　　　　　〒140-0011品川区東大井3-1-3-306
　　　　　　電話：03-6404-6087　Fax：03-6404-6097

装丁　　　　文字モジ男

本文デザイン　大村麻紀子

印刷・製本　株式会社美巧社